TRIBUNAL CIVIL DE LA SEINE

PREMIÈRE CHAMBRE. — AUDIENCE DU MERCREDI

DOCUMENTS A CONSULTER

❧

AFFAIRE DE MORTEMART

❧

PARIS

TYPOGRAPHIE ET LITHOGRAPHIE Vᵉˢ RENOU, MAULDE ET COCK

144, RUE DE RIVOLI, 144

1878

L³m
1451

Lm
1451

DOCUMENTS A CONSULTER

DANS LE PROCÈS PENDANT DEVANT CETTE CHAMBRE

ENTRE :

1° Mgr Anne-Victurnien-René-Roger de Rochechouart
Duc de MORTEMART

2° M. Anne-Henri-Victurnien de Rochechouart
Comte de MORTEMART

3° M. François-Marie-Victurnien de Rochechouart
Vicomte de MORTEMART

Demandeurs

CONTRE :

1° M. François-Jérôme-Léonard

2° M. Marc-Antoine-Gustave-Enguerrand

3° M. Jean-Antoine-Aimé-Palamède

4° Mlle Antoinette-Rénée-Pauline-Léonie

Se disant de MORTEMART–BOISSE.

TRIBUNAL CIVIL
DE LA SEINE

PREMIÈRE CHAMBRE

Audience du Mercredi

Présidence
de
M. AUBÉPIN
Président du Tribunal.

M. LOUCHET
Substitut.

NOTICE

MM. DE ROCHECHOUART DE MORTEMART sont aujourd'hui les seuls représentants d'une famille historique, dont l'origine remonte à une époque très-ancienne.

C'est au XIIIᵉ siècle qu'une branche cadette de la famille de Rochechouart s'est appelée de Rochechouart de Mortemart. Ce dernier nom lui venait de la terre et seigneurie de Mortemart, située en Limousin et apportée à cette famille par Alix, fille unique et héritière de Guillaume, dit Chomier, seigneur de Mortemart et épouse de Aimery VII, vicomte de Rochechart (1).

Aimery VIII, fils aîné des précédents, fut le premier vicomte de Rochechouart, seigneur de Mortemart.

Par un échange du 12 avril 1256, la seigneurie de Mortemart passa d'Aimery IX, fils d'Aimery VIII, à Guillaume de Rochechouart son frère cadet, chef de la branche cadette de Rochechourt de Mortemart.

C'est cette branche qui s'est perpétuée jusqu'à nos jours, et est aujourd'hui représentée par le duc, le comte et le vicomte de Mortemart, demandeurs au procès.

Ce fut au XVIIᵉ siècle, par lettres-patentes du roi Louis XIV, datées de décembre 1650, que la terre de Mortemart fut érigée en duché-pairie, en faveur de Gabriel de Rochechouart, marquis de Mortemart, père de

_____

(1) Voir ci-après le testament d'Alix, daté de septembre 1247.

Louis-Victor de Rochechouart de Mortemart, duc de Vivonne, maréchal de France.

Au xviiie siècle, un personnage, dont le véritable nom paraît aujourd'hui difficile à fixer, prit le nom de Mortemard-Boisse ou de Boisse, et eut une nombreuse descendance. La situation assez obscure de cette famille ne paraît pas avoir appelé alors l'attention de la famille de Mortemart.

Mais, dès le commencement du xixe siècle, MM. de Mortemart s'émurent de l'abus et de l'usurpation qui était faite de leur nom. En 1815, des avis insérés dans les *Débats* et le *Moniteur officiel* protestaient énergiquement, au nom des représentants alors vivants de la famille, que seuls ils avaient le droit de porter le nom de *de Mortemart*.

En 1822, le duc de Mortemart interpellait par lettre M. François-Jérôme Léonard Mortemard de Boisse, se disant baron de Mortemart, l'un des défendeurs au procès actuel, pour savoir quel droit il avait au nom de Mortemart, et s'il prétendait avoir avec lui des liens de parenté.

La discussion ainsi entamée s'arrêtait devant les protestations contenues dans la réponse signée Mortemart-Boisse, et dont l'auteur reconnaissait n'avoir aucune parenté avec les *de Mortemart*, et protestait de sa volonté d'éviter toute confusion entre les deux familles.

Mais ces promesses ne furent pas longtemps respectées. Peu a peu, dans des actes publics, dans des journaux, dans les relations du monde, M. François-Jérôme Léonard et ses enfants prenaient le nom de de Mortemart seul, l'orthographiaient comme celui des demandeurs, y ajoutaient les titres de baron et comte ; si bien qu'aucune distinction n'était plus faite par le public entre les deux familles.

En 1852 paraissait, avec le concours aujourd'hui certain des défendeurs, dans un ouvrage intitulé : *Livre d'or de la Noblesse européenne*, publié par le comte de Givodan, chevalier et juge d'armes, généalogiste, etc., la généalogie de la famille *de Mortemart de Boisse, Limousin-Normandie*, barons de Mortemart et Mortemer, comtes de Marle et d'Antigny, etc., etc., etc.

L'auteur de ce document inqualifiable faisait remonter l'origine de ses clients à une fabuleuse antiquité et les rattachait à la véritable famille de Mortemart, en supposant une branche cadette de pure invention, dont les divers représentants étaient nés ou décédés à Limoges dans le cours du xvii° siècle.

Cette fois, l'usurpation devenait flagrante ; ells s'aggrava encore par la publicité donnée à la généalogie et sa reproduction dans d'autres ouvrages ; elle devint intolérable quand MM. de Mortemart virent au *Journal officiel* du 13 mai 1874, l'un des défendeurs nommé chevalier de la Légion d'honneur sous le nom de comte de Mortemart (Palamède).

MM. de Mortemart ont pensé que leur devoir vis-à-vis d'eux-mêmes et vis-à-vis de leurs descendants était de s'adresser à la justice pour faire respecter la propriété de leur nom et les droits de leur famille.

Ils ont assigné leurs adversaires au procès actuel.

Ceux-ci ont produit aux débats les actes de Limoges cités par le généalogiste de Givodan. — Tous ces actes sont faux, ils ont été grattés et surchargés sur les minutes d'une façon indéniable. — MM. de Mortemart se sont régulièrement inscrits en faux contre eux.

C'est en cet état que le procès se présente.

MM. de Mortemart ont pensé qu'il était indispensable que le Tribunal eut sous les yeux une copie du grand nombre de documents qui doivent lui être soumis tant par eux-mêmes que par leurs adversaires.

C'est pourquoi ils ont fait imprimer ce Recueil :

La première partie comprend les principaux documents de la procédure ;

La deuxième partie, les titres concernant la famille de Rochechouart de Mortemart ;

La troisième partie, les documents produits par les défendeurs à l'appui de leurs prétentions, et notamment les actes argués de faux ;

La quatrième partie, les pièces mises au débat par les demandeurs en réponse à la production des défendeurs.

PREMIERE PARTIE

Principaux documents de la procédure.

§ 1ᵉʳ. — Citation faite aux défendeurs du 20 janvier 1876.

§ 2. — Jugement rendu le 18 juillet 1877, ordonnant le transport des registres de l'État civil de Limogés, au greffe du tribunal de la Seine.

§ 3. — Conclusions des défendeurs, se disant « de Mortemart de Boisse. »

§ 4. — Conclusions additionnelles des demandeurs, MM. de Rochechouart de Mortemart.

---

§ 1ᵉʳ. — Citation faite aux défendeurs du 20 janvier 1876.

L'an mil huit cent soixante-seize, le vingt janvier,

A la requête de :

1° M. Anne-Victurnien-René-Roger de Rochechouart, duc de Morte-mart, demeurant à Paris, 16, rue Matignon ;

2° M. Anne-Henri-Victurnien de Rochechouart, comte de Mortemart, demeurant à Paris, 4, rue Chanaleilles,

3° M. François-Marie-Victurnien de Rochechouart, vicomte de Mor-temart, demeurant à Paris, 4, rue Chanaleilles ;

Pour lesquels requérants domicile est élu à Paris, rue du Quatre-Septembre, 12, en l'étude de Mᵉ Jules Perard, avoué près le Tribunal civil de la Seine, lequel est constitué et occupera pour eux sur l'assigna-tion ci-après et ses suites ;

J'ai, Désiré Belguise, huissier près le Tribunal civil de la Seine, séant à Paris, y demeurant, rue des Jeûneurs, n° 39, soussigné, donné assi-gnation à :

1° M. Mortemard de Boisse, duc de Casole, demeurant à Paris, rue Jean-Goujon, n° 9, où étant et parlant à une femme à son service ainsi déclaré ;

2° Mademoiselle Léonie Mortemard de Boisse, demeurant à Paris, rue Jean-Goujon, n° 9, et au sieur son mari pour la validité, en cas de mariage, audit domicile, où étant et parlant à une femme à son service ainsi déclaré ;

3° M. Enguerrand Mortemard de Boisse, demeurant à Paris, rue Jean-Goujon, n° 9, où étant et parlant à une femme à son service ainsi déclaré ;

4° M. Palamède Mortemard de Boisse, demeurant à Paris, rue Jean-Goujon, n° 9, où étant et parlant à une femme à son service ;

A comparaître, d'hui à huitaine franche, délai de la loi, à l'audience et par devant MM. les président et juges composant la première Chambre du Tribunal civil de la Seine, séant au Palais de Justice, à Paris, onze heures du matin, pour :

Attendu que les requérants sont descendants en ligne directe et seuls représentants aujourd'hui de la famille de Rochechouart de Mortemart ; que seuls ils ont droit au nom de *de Mortemart* et aux titres de duc, comte et vicomte de Mortemart ;

Attendu que ce nom et ces titres constituent une propriété d'autant plus respectable qu'elle a des origines plus anciennes, et que les requérants ont un intérêt grave à en empêcher l'usurpation ;

Attendu que les parties assignées ont depuis plusieurs années pris dans des actes publics, dans les journaux, dans les livres, ainsi que dans les relations ordinaires de la vie, le nom de *de Mortemart*, qu'ils y joignent les titres de baron Enguerrand de Mortemart, comte et comtesse de Mortemart ;

Que, cependant, le seul nom auquel leur donneraient droit leurs actes de l'État civil est celui de *Mortemard-Boisse* ou *Mortemard de Boisse* (sans particule devant le nom de Mortemard);

Mais, attendu que M. Mortemard-Boisse et ses enfants ne prennent, dans la vie publique et privée, que le nom de Mortemart, en y ajoutant des titres qui augmentent encore la confusion entre les deux familles ;

Que les requérants se voient dans la nécessité de recourir à la justice pour faire respecter une propriété sacrée ;

Par ces motifs :

S'entendre les assignés faire défense de prendre à l'avenir le nom de *de Mortemart*, et ce sous une contrainte qu'il plaira au Tribunal fixer pour chaque contravention constatée ;

Voir dire que, faute par eux de justifier de droits réguliers aux titres dont ils accompagnent leur nom, il leur sera interdit d'en faire usage, en tant que ces titres sont de nature à aggraver la confusion dont les demandeurs sont fondés à se plaindre;

S'entendre, à titre de dommages-intérêts, condamner à l'insertion à leurs frais du jugement à intervenir dans dix journaux au choix des requérants;

Et s'entendre, en outre, condamner aux dépens;

Sous réserves de tous droits, moyens et actions, et aussi de modifier, étendre et amplifier la présente demande;

A ce qu'ils n'en ignorent;

Et je leur ai, parlant comme dessus, laissé copie du présent.

Coût : 13 francs 85 centimes.

Employé pour les copies quatre feuilles de papier spécial montant à 4 francs 80 centimes.

Signé : BELGUISE.

Enregistré à Paris, 2ᵉ bureau, le 21 janvier 1876. Reçu 3 fr. 75 c.

Signé (illisible).

§ 2. — Jugement rendu le 18 juillet 1877, ordonnant le transport des registres de l'État civil de Limoges au greffe du Tribunal de la Seine.

TRIBUNAL DE LA SEINE. — PREMIÈRE CHAMBRE.

Jugement du 18 juillet 1877.

POINT DE FAIT :

MM. les duc, comte et vicomte de Mortemart ont assigné les défendeurs devant le Tribunal civil de la Seine, pour leur voir faire défense de prendre le nom de *de Mortemart* ;

Depuis plusieurs années ils prennent dans des actes publics, dans des journaux et dans des livres, ainsi que dans les relations ordinaires de la vie, en y joignant des titres dont les demandeurs leur contestent le droit de faire usage.

Au cours dudit procès pendant devant cette Chambre, il a été versé au débat, par la communication qui en a été faite par l'avocat des défendeurs, divers actes que les demandeurs entendent faire rejeter du débat comme faux.

A cet effet, et conformément à l'article 215 du Code de procédure civile, ils ont, par acte du Palais en date du 21 avril 1877, enregistré, signifié à Mᵉ Benoist, avoué, un procès-verbal dressé par Mᵉ Bonjour, huissier à Limoges, en date du 27 mars 1877 enregistré ;

Et ils ont fait par acte du Palais, en date du 21 avril 1877, enregistré, sommation à Mᵉ Benoist, avoué des défendeurs, de : dans le délai de huit jours, avoir à déclarer s'ils entendaient ou non se servir dans ladite instance des pièces suivantes :

Premièrement. — Un acte relevé sur le registre des actes de décès de la paroisse de Saint-Maurice à Limoges, à la date du 2 août 1605, et constatant le prétendu décès de Pierre de Morthomart;

Deuxièmement. — Un acte relevé sur un autre registre de la même paroisse, à la date du 14 décembre 1612, et constatant le prétendu baptême de Henri de Mortemar;

Troisièmement. — Un acte relevé sur un autre registre de la même paroisse, à la date du 19 avril 1625, et constatant le prétendu décès de Bernard de Mortemart;

Quatrièmement. — Un acte relevé sur le registre de la paroisse de Saint-Pierre à Limoges, à la date du 18 août 1670, et constatant le prétendu décès de demoiselle Léonarde de Marsac;

Cinquièmement. — Un acte relevé sur le registre des décès de la paroisse de Saint-Maurice à Limoges, à la date du 17 avril 1674, et constatant le prétendu décès de Henri de Mortemart;

Sixièmement. — Un acte relevé sur un registre de la paroisse de Saint-Pierre à Limoges, du 9 juin 1690, constatant le prétendu baptême de Pierre-Alexandre de Mortemar;

Septièmement. — Un acte relevé sur un registre de la même paroisse, à la date du 30 janvier 1703, constatant le prétendu décès de Jean de Mortemar.

Par acte du Palais, du 27 juin 1877, Me Benoist, avoué des défendeurs, a signifié à Me Pérard, avoué des demandeurs, qu'il protestait contre l'incrimination de faux que les demandeurs prétendaient diriger contre les actes sus-énoncés, dont l'authenticité était inattaquable, malgré les critiques élevées par les demandeurs et les allégations de surcharge et de grattage par eux invoquées.

En présence de cette notification, Me Pérard, agissant au nom et comme mandataire spécial de ses clients, en vertu d'une procuration en brevet, reçu Demonts et son collègue, notaires à Paris, les 21 et 23 avril 1877, dûment enregistrée, s'est présenté au greffe de ce Tribunal, et a déclaré s'inscrire en faux contre les pièces ci-dessus relatées, ainsi qu'il appert de la déclaration faite par lui à cet effet, le 5 juillet 1877, enregistrée ;

Par acte du Palais, en date du 14 juillet 1877, enregistré, M⁰ Pérard a signifié à M⁰ Benoist l'expédition de ladite déclaration, et lui a donné avenir pour l'audience de ce jour, devant cette Chambre, à l'effet d'y voir admettre l'inscription de faux formée par lui ès-qualité qu'il agit ;

Par un autre acte du Palais, en date du 17 juillet 1877, enregistré, M⁰ Pérard a signifié à M⁰ Benoist, des conclusions tendant à ce qu'il plaise au Tribunal :

Admettre l'inscription de faux formée au nom des concluants, suivant acte fait au greffe, le 5 juillet 1877, pour être poursuivie devant tel de Messieurs qu'il plaira au Tribunal commettre ;

Ordonner que dans la quinzaine de la signification du jugement à intervenir, les défendeurs seront tenus de faire apporter au greffe de ce Tribunal, les minutes des pièces arguées de faux, et que les dépositions d'icelles y seront contraintes, les fonctionnaires publics par corps, et ceux qui ne le sont pas, par voie de saisie-amende et même par corps, s'il y échet, le tout conformément à la loi.

Et condamner les défendeurs aux dépens dont distraction à son profit.

A l'audience de ce jour, les avocats des parties assistés de leurs avoués, se sont présentés à la barre et ont demandé chacun l'adjudication de leurs conclusions.

Le Ministère public a été entendu en ses conclusions.

En cet état, la cause présentait à juger les questions suivantes :

POINT DE DROIT :

Le Tribunal devait-il admettre l'inscription de faux formée par les demandeurs pour être poursuivie devant tel de Messieurs qu'il lui plairait commettre?

Devait-il ordonner l'apport au greffe des minutes de pièces arguées de faux? *Quid* des dépens ?

Signé : Pérard.

Le Tribunal :

Ouï, en leurs conclusions et plaidoiries, Colin de Verdières, avocat, assisté de Pérard, avoué de Rochechouart, duc de Mortemart et consorts, et Demange, avocat, assisté de Benoist, avoué de de Mortemard de Boisse, duc de Casole et consorts. Ensemble en ses conclusions, M. le substitut de M. le procureur de la République, après en avoir délibéré conformément à la loi, jugeant en *premier ressort :*

Attendu qu'avant qu'il soit procédé en exécution des articles 215 et suivants du Code de procédure civile, il appartient au Tribunal de prescrire les mesures d'instruction de nature à éclairer sa religion ;

Qu'en présence des assertions contradictoires des parties sur le caractère des minutes des actes de l'État civil invoqués par les uns, attaqués par les autres, il est indispensable que ces minutes soient représentées au Tribunal;

Qu'elles ne peuvent être déplacées sans jugement, que c'est le cas d'en prescrire l'apport et le dépôt provisoire au greffe de ce Tribunal, afin que les parties et le Tribunal puissent en faire l'examen.

Par ces Motifs :

Dit et ordonne que les registres ci-après, actuellement déposés aux archives de l'État civil de Limoges, seront transportés et remis aux mains du greffier en chef de ce Tribunal, qui en demeurera détenteur jusqu'à ce qu'il en soit autrement ordonné par le Tribunal, savoir :

1° Le registre des actes de décès de la paroisse Saint-Maurice de Limoges, partant du 22 août 1602 au 18 décembre 1630 ;

2° Le registre de la même paroisse de Saint-Maurice, contenant les baptêmes et partant du 6 janvier 1611 au 19 décembre 1616 ;

3° Le registre des baptêmes, mariages et décès de la même paroisse Saint-Maurice, partant du 12 janvier 1625 au 17 novembre 1626 ;

4° Le registre de la paroisse Saint-Pierre de Limoges, contenant les décès allant du 1er janvier 1670 au 29 décembre suivant ;

5° Le registre des décès de la paroisse de Saint-Maurice, allant du 16 décembre 1664 au 26 décembre 1679 ;

6° Le grand registre, deux répertoires des sépultures de la paroisse de Saint-Maurice, fait par l'abbé J.-B. Demaine, depuis le 1er janvier 1665 ;

7° Le registre de la paroisse Saint-Pierre, portant pour inscription : Baptêmes, depuis 1682 jusqu'en 1706 ;

8° Un cahier séparé des actes de baptême de la paroisse de Saint-Pierre, servant de répertoire ou table alphabétique, dans lequel se trouvent comprises les années 1690 et 1691 ;

9° Le registre de la paroisse de Saint-Pierre, portant pour inscription : Mortuaire, jusqu'à 1736 (1662-1736) ;

10° Le registre de la même paroisse, allant de 1617 à 1620 ;

11° Un petit registre de la paroisse Saint-Pierre, portant comme inscription : Livre des mariages, pour l'année 1673, depuis le 8 janvier jusqu'au 27 novembre ;

12° Un registre portant pour inscription : Baptêmes de 1648 à 1650, Saint-Pierre.

Dit que les registres seront apportés au greffe de ce Tribunal par les soins du maire de la ville de Limoges qui pourra déléguer à cet effet le secrétaire de la mairie, à quoi faire sera ledit maire contraint, quoi faisant déchargé ;

Dit qu'il sera dressé procès-verbal de la réception desdites pièces par le greffier de ce Tribunal, lequel procès-verbal vaudra décharge aux dépositaires actuels ;

Tous droits et moyens des parties ainsi que les dépens demeurant respectivement et expressément réservés.

Signé : Aubépin et Olivier.

Fait et jugé par MM. Aubépin, président, etc., etc., le 18 juillet 1877.

§ 3. — Conclusions des défendeurs, se disant « de Mortemart de Boisse. »

A Messieurs les Président et juges composant la première Chambre du Tribunal civil de la Seine.

CONCLUSIONS

Pour MM. et Mlle de Mortemart-Boisse,
Défendeurs   Benoist.

Contre MM. de Rochechouart de Mortemart
Demandeurs   Pérard.

Plaise au Tribunal :

Attendu que le nom de : de Mortemart a été porté depuis plus de deux cents ans par les concluants et leurs ascendants sans aucune contestation ;

Que s'il est vrai que l'orthographe a pu varier en ce que le nom se terminait tantôt par un *d*, tantôt par un *t*, tantôt par un *r*, la particule *de* a été constamment employée au vu et au su des ascendants des demandeurs sans qu'ils se soient jamais cru le droit d'élever aucune réclamation au moins de ce chef ;

Que pour démontrer la vérité de ce qui précède, on va relever chacun des actes produits en remontant de l'époque actuelle.

§ 1er

1° 1er mai 1813, naissance de l'un des défendeurs actuels qualifié fils de Jérôme–François-Léonard *de* Mortemar*t* de Boisse ;

2° 1833, certificat de libération du service militaire *de* Mortemart de Boisse ;

3° 1857, mariage de *de* Mortemart *de* Boisse, contrat de mariage portant la signature l'empereur Napoléon III ;

4° 1811, mariage de François–Jérôme Demortemard de Boisse. (L'acte semble porter Demortemard en un seul mot, mais il se rectifie naturellement par les pièces annexes que l'on va voir.

5° Pièces annexes du mariage :

Permission du ministre de la guerre accordée à M. *de* Mortemar*t* ;

Consentement par le père Marc-Marie *de* Mortemar*d*.

Publications du mariage entre Léonard *de* Mortemar*d* de Boisse, fils de Marc-Marie *de* Mortemar*d* et Mlle Auriot ;

5° bis 1811, mariage religieux de Léonard *de* Mortemar*d* de Boisse ;

6° 1785, naissance de François-Jérôme-Léonard, fils de Marc-Marie *de* Mortemar*d* ;

7° 1818, brevet de la croix de saint Louis au baron *de* Mortemar*t*-Boisse ;

1815, autre brevet délivré au baron *de* Mortemar*t*-Boisse ;

1816, brevet délivré au baron *de* Mortemart de Boisse ;

1821, autre brevet au baron *de* Mortemar*t*-Boisse;

8° Enfin, état de services de François-Jérôme-Léonard *de* Mortemar*t*.

Ainsi François-Jérôme-Léonard, père des défendeurs au procès, a constamment et sans interruption porté la particule *de*; son acte de nais-

naissance la contient : son nom a pris tantôt le *d*, tantôt le *t*. Telle est la seule observation que les demandeurs puissent relever quant à lui.

§ II

Marc–Marie, son père.

1° 6 juin 1756, acte de naissance de Marc-Marie. Il y est dit fils de messire Pierre-Alexandre Mortemar*d* de Boisse ; mais le même acte désigne ainsi le parrain *son frère* (Marc-Antoine *de* Mortemar*d* de Boisse) aucun doute n'est donc possible sur le droit à la particule ;

2° 18 mai 1780, naissance de François-Marc, fils de Marc-Marie *de* Mortemard de Boisse.

On y voit figurer le parrain Marie–François *de* Mortemar*d* , la marraine Marie-Louise Gironde *de* Mortemar*d*, toujours avec la particule et un *d* à la fin du mot.

3° 20 juin 1779, publications de mariage de Marc-Marie. Il y est dénommé Mortemar*d* sans particule. Mais l'acte constate qu'il est fils de défunt Pierre-Alexandre *de* Mortemar*d* de Boisse. Si le père a la particule, le fils y a droit également.

Il ne faut pas, par la même raison, attacher plus d'importance à l'absence de la particule dans l'acte de mariage qui a suivi la publication sur laquelle il a été calqué.

Donc, pour Marc-Marie aïeul, comme pour Jérôme Léonard, père des défendeurs, on peut dire que le nom a toujours été précédé de la particule ; seulement il se terminait par un *d*.

§ III.

Pierre-Alexandre, bisaïeul des défendeurs.

Il est produit divers actes de naissance ou de décès de ses enfants ; les uns portent le nom Mortemart écrit avec un *t*, les autres portent un *d*; les uns contiennent la particule, les autres ne la contiennent pas. Ainsi :

11 juin 1755, naissance de Geneviève-Désirée, fille de Pierre Mortemar*t* de Boisse, ancien consul;

10 mai 1768, naissance de Pauline-Antoinette-Théodore, fille de Pierre-Alexandre *de* Mortemar*d* de Boisse, ancien consul.

2 mai 1770, décès de Apoline Mortemar*t*, fille de Pierre Mortemar*t*.

20 novembre 1771, naissance de Josèphe-Marie, fille de Pierre, chevalier *de* Mortemart, seigneur de Boisse.

10 juin 1772, décès de Joséphine Mortemar*d*, fille de Pierre-Alexandre Mortemar*d*, ancien consul.

Pierre-Alexandre s'est marié deux fois.

L'acte de décès de sa première femme (5 juillet 1754) le désigne ainsi : Pierre-Alexandre *de* Mortemar*t*-Boisse.

L'acte de second mariage (3 septembre 1754) porte : Pierre-Alexandre *de* Mortemar*t* de Boisse, ancien consul de France.

Enfin, les almanachs royaux de chacune des années de 1746 à 1754 portent tous le nom ainsi écrit : *de* Mortemart. La particule précède le nom, qui, seulement, est écrit par un *d*, comme dans quelques-uns des actes déjà relevés ci-dessus. Les mêmes almanachs royaux contiennent les noms de l'autre famille des de Mortemart, il n'est pas possible de supposer un instant que la publicité donnée au nom *de* Mortemar*d* soit passée inaperçue, aucune réclamation ne s'est produite de la part des auteurs des demandeurs, dont les noms figurent à côté de celui des ascendants des défendeurs.

Cette publicité incontestable et en quelque sorte légale, qui résulte des almanachs royaux, résulte aussi d'autres documents, tels que la concession faite par le roi à la veuve de Pierre-Alexandre d'une pension de 500 livres sur le fonds littéraire des affaires étrangères, les pièces officielles à ce relatives ont été retrouvées au Ministère des affaires étrangères. La veuve de Pierre-Alexandre y est qualifiée *de* Mortemar*d*.

Il résulte de tout ce qui précède que la particule est incontestablement dans le droit des défendeurs, que Pierre-Alexandre, sa veuve et ses enfants l'ont employée publiquement au vu et au su de tous, sans conteste, et qu'elle leur a été donnée dans des documents officiels.

L'orthographe seule du nom reste indécise : tantôt un *t*, tantôt un *d* ; c'est la même incertitude que nous avons déjà signalée.

Attendu qu'en présence des constatations si précises qui précèdent, il n'y a lieu pour le Tribunal de s'arrêter à l'inscription de faux dirigée contre les actes de Limoges ;

Que cette inscription de faux n'aurait pu d'ailleurs résister à la preuve résultant de l'acte qui constate la naissance de Henri de Mortemar le 14 décembre 1612, lequel est à l'abri de toute critique ; que quelles que soient les apparences qui peuvent être relevées, à tort ou à raison dans, certains actes, celui-là incontestablement donne des indications précises et exactes ; que la rature des mots *de Mort* est décisive de ce chef ;

Attendu que les concluants ne relèvent ce dernier point que surabondamment, qu'il leur suffit d'avoir établi l'existence de leur droit depuis près de deux siècles, sans qu'on puisse les obliger à remonter au delà, les preuves de leur généalogie pouvant, à cette époque éloignée, n'être plus aussi complètes et décisives ;

Qu'un seul point reste douteux, celui de savoir si leur nom doit se terminer soit par un *t*, soit par un *d*, soit même par un *r* seulement ;

Qu'à cet égard, et en présence de l'orthographe différente, relevée par eux dans de nombreux documents, tout aussi probants et décisifs les uns que les autres quoique dissemblables, ils ne peuvent que s'en rapporter à la prudence du Tribunal.

PAR CES MOTIFS :

Donner acte aux concluants de ce qu'ils déclarent s'en rapporter à la justice sur le point de savoir si leur nom doit se terminer par un *t*, par un *d*, ou par un *r*.

Déclarer en tous cas, les demandeurs mal fondés dans le surplus de leur demande.

Et les condamner aux dépens, dont distraction sera faite au profit de M° Benoist, avoué, qui la requiert aux offres de droit.

Sous toutes réserves.

Et ce sera justice.

Pour copie,

Signé : BENOIST.

§ 4. — Conclusions additionnelles des demandeurs, MM. de Rochechouart de Mortemart.

CONCLUSIONS ADDITIONNELLES

Pour MM. DE ROCHECHOUART DE MORTEMART
Demandeurs   PÉRARD.

Contre M. FRANÇOIS-JÉRÔME-LÉONARD et consorts
se disant de MORTEMART-BOISSE
Défendeurs   BENOIST.

———

PLAISE AU TRIBUNAL :

Attendu que la demande formée par MM. de Mortemart le 20 janvier 1876, tendait :

1° A faire interdire à leurs adversaires de prendre le nom de de Mortemart, et de faire usage de titres qui étaient de nature à aggraver la confusion entre les défendeurs et eux ;

2° A faire ordonner la publicité du jugement à intervenir ;

Attendu qu'au moment où leur demande était formée, MM. de Mortemart ne voulaient pas croire que leurs adversaires eussent la prétention de se rattacher à leur famille, qu'ils se souvenaient de protestations contraires faites par l'un d'eux en 1822, et ne pouvaient supposer que c'était avec leur assentiment et leur concours qu'une généalogie fabriquée en 1852, par un sieur Givodan les faisait descendre d'une origine commune ;

Que les divers incidents survenus au cours de la procédure leur ont démontré qu'ils s'étaient trompés et les obligent à modifier leurs conclusions en raison même des prétentions abusives des défendeurs ;

Attendu, en effet, que la généalogie précitée, suppose l'existence de diverses personnes nées, décédées ou mariées au cours du xviiᵉ siècle dans la ville de Limoges, lesdites personnes auteurs supposés des défendeurs portant le nom de *de Mortemart* et alliés à une famille *de Boisse* ;

Attendu que les défendeurs ont versé au débat, comme preuve à l'appui de leur droit au nom de *de Mortemart*, les extraits des prétendus actes de baptême et de décès des personnes nommées dans la généalogie et se sont ainsi approprié l'œuvre du généalogiste ;

Que la conséquence directe qui découle de cette production est que les défendeurs prétendent avoir droit au nom des requérants comme descendants de la même famille ;

Attendu que tous les actes produits par eux comme venant de Limoges sont faux ; que MM. de Mortemart n'ont pas hésité à s'inscrire régulièrement en faux contre lesdits actes ; que ledit incident est pendant avec l'instance principale ; qu'il importe que le Tribunal statue sur ladite inscription de faux pour en tirer les conséquences utiles aux demandeurs, sur le fond du procès.

I. — *Sur l'inscription de faux.*

Attendu qu'un jugement de cette Chambre, en date du 18 juillet 1877, a ordonné, avant faire droit sur l'inscription de faux, que les registres de l'État civil de Limoges contenant les actes argués de faux seraient transportés au greffe du Tribunal civil de la Seine ;

Que ce jugement a reçu son exécution et que le Tribunal peut aujourd'hui se les faire représenter ;

4

Que l'examen seul de ces actes sur les minutes suffira, ainsi que le pensent les demandeurs, pour convaincre le Tribunal que sur différents actes de baptême et de décès qui, à l'origine, ne contenaient pas le nom de de Mortemart, on s'est livré à des opérations plus ou moins habilement faites, de grattages et de surcharges pour substituer le nom de *de Mortemart* et divers titres au nom primitif qu'il n'est plus possible de reconstituer;

Attendu que le Tribunal constatera par cet examen :

1° Que dans l'acte de décès de la paroisse de Saint-Maurice, du 2 août 1605, les mots de *Morthomart, seigneur de la forest de Saint-Martin-de-Chargnac,* ont été substitués à d'autres noms ;

2° Qu'il en est de même dans l'acte de baptême du 14 décembre 1612 (même paroisse), pour les mots *Henry de Mortemar, noble de Mortemar, Léonarde Demarsac, Bernard de Mortemar, chevalier, Narde de Marsac ;*

3° Que de même dans l'acte de décès du 19 avril 1625 (même paroisse), les mots *messire Bernard de Mortemart, seigneur de Benevent,* sont surchargés et substitués aux anciens noms ;

4° Que dans l'acte de décès de la paroisse Saint-Pierre du 18 août 1670, les mots *Léonarde Demarsac, m^{re} Jean de Mortomard de la Forest,* sont grattés et surchargés ;

5° Que les mêmes grattages et surcharges existent dans l'acte de décès de la paroisse de Saint-Maurice du 17 avril 1674, aux mots *m^{re} Henry de Mortemart, chevalier, âgé de soixante-deux ans, de Jean de Mortemart, seig^{er} de la Forest, de Marsac, ses père et mère ;*

6° Qu'il en est de même pour l'acte de baptême de la paroisse Saint-Pierre, du 9 juin 1690, aux mots *Pierre-Alexandre, fils de messire Jean de Mortemar, Anne Boisse, Magdelaine de Bonnac ;*

Que sur cet acte, les surcharges sont particulièrement grossières;

7° Que sur l'acte de décès de la paroisse Saint-Pierre, du 30 janvier 1703, les mots *messire Jean de Mortemar, seigneur de la Forest Dauloup, fils de Henry de Mortemar*, sont grattés et surchargés d'une façon très-apparente;

8° Qu'enfin, les tables qui auraient permis de retrouver les noms véritables des actes ainsi falsifiés, ont été lacérées;

Attendu que si un doute pouvait exister pour le Tribunal sur la fausseté de l'un ou d'une partie de ces actes, les concluants demanderaient que des experts commis fussent appelés à en constater les altérations;

Mais que cette mesure leur paraît superflue devant l'état matériel des minutes, et alors que dans leurs conclusions signifiées le 1ᵉʳ mars 1878, les adversaires des concluants paraissent abandonner leur production;

Qu'ils prétendent seulement relever dans l'acte du 14 décembre 1612, que le nom *Henry de Mortemar* ne serait pas critiqué par les concluants, ce qui impliquerait qu'un personnage de ce nom aurait réellement existé;

Que c'est là une erreur absolue, basée seulement sur une omission d'un procès-verbal de constat, mais que MM. de Mortemart se sont inscrits en faux aussi bien sur cette partie de l'acte que sur toutes les autres;

Qu'il y a donc lieu par le Tribunal de déclarer fanx les sept actes de Limoges produits par les défendeurs, de dire que ces actes seront rejetés du débat.

Subsidiairement, seulement, d'en ordonner, avant faire droit la vérification par experts.

II. — Attendu que si, comme le demandent MM. de Mortemart, les actes de Limoges sont déclarés faux, la conséquence nécessaire de cette déclaration sera d'établir que l'auteur auquel les défendeurs prétendent se rattacher, ne s'appelait pas de Mortemart, et qu'il a usurpé ce nom au cours du xviii° siècle ;

Attendu, en effet, que l'acte de baptême du 9 juin 1690 ci-dessus relevé, constate la prétendue naissance d'un individu qui s'appellerait *Pierre-Alexandre* et qui serait issu du mariage d'un individu du nom de *Henri de Mortemart* et d'une femme du nom de *Anne de Boisse ;*

Attendu que celui dont il est question dans cet acte de baptême, serait, d'après les communications des adversaires, le grand-père de l'un des défendeurs, Jérôme-Léonard, et l'arrière grand-père des autres défendeurs ;

Attendu que les défendeurs paraissent, ainsi qu'il résulte de plusieurs actes relativement modernes mis aux débats, avoir eu pour auteur un individu qui, pendant la deuxième moitié du xviii° siècle, a été connu sous le nom de Pierre-Alexandre Mortemard-Boisse ou de Boisse, dans la carrière des consulats, qui est mort sous ce nom en Espagne en 1777, et dont les enfants, petits-enfants et arrière-petits-enfants, ont été pendant le xviii° siècle et les premières années du xix° siècle, inscrits sur les registres de l'État civil sous le nom que portait leurs auteurs : *Mortemard-Boisse* ou *de Boisse ;*

Attendu qu'il résulte de la fausseté même de l'acte de 1690, que si Pierre-Alexandre est mort sous le nom de *Mortemar*, il n'était pas né *Mortemar ;*

Que dans le cours de son existence, soit par vanité aristocratique, soit dans tout autre but, il a usurpé ce nom, et que l'usurpation est flagrante, puisqu'elle est constatée par l'altération frauduleuse d'un acte de l'État civil ;

Que cette usurpation ne permet pas à ses enfants, petits-enfants ou arrière petits-enfants, même quand leurs actes de l'État civil porteraient réellement ce nom : *Mortemard*, de continuer à se servir de ce nom.

Qu'en effet, le principe partout proclamé de l'imprescriptibilité du nom, par application de l'article 2226 du Code civil, ne saurait laisser subsister de doute sur ce point ;

Qu'il importe fort peu que plus d'un siècle se soit écoulé depuis le jour où l'auteur des défendeurs a pris un nom que ne lui donnait pas son acte de naissance;

Que le laps de temps, quel qu'il soit, ne saurait constituer un droit au nom originairement usurpé, pas plus que la bonne foi, en la supposant chez ceux qui ont succédé à l'auteur de la fraude et en ont profité ;

Qu'il y a donc lieu d'interdire absolument aux défendeurs de porter le nom de *Mortemart* ou de *Mortemard*.

III. — Attendu que les défendeurs, paraissant abandonner par leurs conclusions dernières une grande partie des droits qu'ils réclamaient au début de l'instance, réduisent aujourd'hui la question du procès à deux points :

1° Ils prétendent avoir un droit acquis à mettre la particule *de* devant le nom de *Mortemard ;*

2° Et ils s'en rapportent à la justice sur la question de savoir si ce nom doit s'écrire *Mortemart*, ou *Mortemard*, ou *Mortemar* ;

Attendu que les demandeurs, tout en persistant à réclamer l'interdiction à leurs adversaires de porter le nom de *Mortemard*, quel qu'en soit l'orthographe, ont intérêt à discuter même leur prétention dans la forme où elle se produit aujourd'hui ;

Que cette prétention n'est pas fondée ;

Attendu que les seuls actes dont les défendeurs puissent faire état, sont :

1° L'acte de décès de leur auteur Pierre-Alexandre ;

2º L'acte de baptême de Marc-Marie, fils de Pierre-Alexandre et père de l'un des défendeurs, Jérôme-Léonard ;

Attendu que l'un et l'autre de ces actes portent non pas le nom de de *Mortemart*, ni même *de Mortemard,* mais seulement *Mortemard de Boisse* ;

Attendu que d'autres documents mis aux débats par les demandeurs, il résulte que c'est ainsi, à de rares exceptions près, que se sont appelés depuis 1756 tous les membres de cette famille ;

Qu'il importe peu que dans quelques autres actes, dans des correspondances, dans des almanachs, même dans des actes officiels, les demandeurs ou leurs auteurs se soient donné ou fait donner le nom de *de Mortemart* ou de *Mortemard* ;

Qu'en pareille matière, c'est évidemment l'acte de naissance de l'auteur commun qui doit servir à régler le vrai nom de tous ses descendants ;

Attendu en conséquence, qu'alors même que le Tribunal croirait pouvoir maintenir aux défendeurs le nom de *Mortemard*, il devrait leur interdire de le faire précéder de la particule *de*, à laquelle ils n'ont aucun droit, et de l'orthographie, autrement que l'auteur commun Marc-Marie, — c'est-à-dire *Mortemard ;*

Que dans la même hypothèse, et pour établir une ligne de démarcation bien tranchée entre deux familles qui n'ont aucun point commun, MM. de Mortemart demanderaient au Tribunal d'obliger leurs adversaires à ne jamais séparer leur nom de celui de Boisse ;

IV. — Attendu qu'il doit aussi, par les motifs invoqués ci-dessus, être interdit aux défendeurs de se dire issus de la même famille que les demandeurs ;

Que quoiqu'ils aient reconnus, en 1822, qu'il n'existait aucun lien de parenté entre eux et les demandeurs, ils ont évidemment cherché à s'approprier une origine commune en se servant des actes faux invoqués dans la généalogie de Givodan ;

Qu'ils ont fait une autre tentative de même nature, en produisant à un archiviste paléographe des pièces qui ont été versées aux débats par les demandeurs, et qui tendaient à faire admettre par lui la fausse généalogie ci-dessus ;

Que, notamment, dans ces pièces se trouve une copie d'un prétendu acte de mariage du 8 juin 1673 (paroisse de Saint-Pier e, à Limoges), constatant l'union de Jehan-Henry de Mortemart avec Anne de Boisse, acte qui n'existe pas, ainsi que le constate un procès-verbal régulièrement dressé ;

Attendu qu'en présence de semblables prétentions et d'agissements de cette nature, les demandeurs ont droit et intérêt à demander que le jugement à intervenir constate qu'il n'y a entre les deux familles aucune origine commune ;

Que les défendeurs, dans leurs conclusions du 1er mars 1878, gardent sur ce point un silence absolu ;

Qu'ils ne peuvent ainsi se réserver de revenir sur une prétention que le Tribunal doit juger et condamner dès aujourd'hui.

V. — Attendu que MM. de Mortemart ont, dans leur assignation primitive, demandé qu'il fût interdit aux défendeurs de prendre des titres de Baron, Comte et Duc qui, placés devant le nom qu'ils portent actuellement, finissent par amener une confusion absolue entre les membres des deux familles ;

Attendu que les défendeurs ne répondent rien à cette partie de la demande dans leurs conclusions ;

Qu'ils n'apportent aucune justification du droit qu'ils auraient de porter les titres de baron, comte ou duc;

Que les demandeurs ont juste sujet de croire que ce droit n'existe pas et que rien dans les archives de la Chancellerie ne justifie qu'il leur ait été concédé;

Que s'il n'appartient pas à MM. de Mortemart de relever une usurpation de titres de la part de leurs adversaires, ils sont en droit de réclamer que ces titres ne soient pas employés de manière à créer une confusion avec eux.

PAR CES MOTIFS :

Adjugeant aux demandeurs les conclusions par eux précédemment prises et y ajoutant;

Statuant sur l'inscription de faux;

Déclarer faux et falsifiés les actes produits par les défendeurs, savoir :

1° L'acte de décès de la paroisse de Saint-Maurice à Limoges, du 2 août 1605, au nom de Pierre de Morthomart;

2° L'acte de baptême, du 14 décembre 1612, même paroisse, au nom de Henri de Mortemar;

3° L'acte de décès, du 19 avril 1625, même paroisse, au nom de Bernard de Mortemart;

4° L'acte de décès de la paroisse Saint-Pierre, à Limoges, du 18 août 1670, au nom de Léonarde Demarsac, femme de Jean de Mortomard;

5° L'acte de décès, de la paroisse Saint-Maurice, du 17 avril 1674, au nom de Henri de Mortemart;

6° L'acte de baptême de la paroisse Saint-Pierre, du 9 juin 1690, au nom de Pierre-Alexandre de Mortemar ;

7° L'acte de décès, de la paroisse Saint-Pierre, du 30 janvier 1703, au nom de Jean de Mortemar.

En conséquence, dire que ces actes seront rejetés du débat.

Subsidiairement, sur ce chef et avant faire droit.

Ordonner que ces actes seront vérifiés par trois experts, lesquels, serment préalablement prêté, donneront leur avis sur les altérations que ces actes ont subies ;

Statuant sur le fond :

Dire que les défendeurs n'ont aucun droit à porter le nom de *Mortemard*, usurpé par leur auteur Pierre-Alexandre, et qu'ils n'ont pu prescre ;

Leur interdire, en conséquence, de le porter à l'avenir, sous une contrainte de 500 fr. par chaque contravention constatée ;

Subsidiairement, seulement et en statuant sur les prétentions des défendeurs, les déclarer mal fondés en leur demande ;

Et pour le cas où, par impossible, le Tribunal croirait qu'ils ont droit à porter le nom de Mortemard,

Dire que ce nom devra être orthographié avec un *d* à la fin, leur interdire de le faire précéder de la particule *de* et les obliger à le faire toujours suivre du nom de Boisse ;

Dire que les défendeurs n'ont aucun droit à prétendre une origine de famille commune avec les demandeurs ;

Leur interdire, en même temps, de faire précéder ce nom des titres de baron, comte ou duc ;

Le tout sous la même contrainte de 500 fr. par contravention constatée ;

Dire que le jugement à intervenir sera, à la diligence des demandeurs et aux frais des défendeurs, transcrit sur les registres contenant les actes de l'État civil des défendeurs et mentionné en marge des dits actes et qu'il en sera fait de même à Limoges pour les actes annulés ;

Ordonner la publication du jugement à intervenir dans dix journaux au choix des demandeurs et aux frais des défendeurs ;

Et condamner les défendeurs aux dépens, etc., etc., à Mᵉ Pérard, avoué aux offres de droit.

DEUXIÈME PARTIE

Documents produits par MM. de Rochechouart de Mortemart, demandeurs, concernant la famille de Rochechouart de Mortemart, son origine, ses titres et ses seuls représentants actuels.

GÉNÉALOGIE DES DEMANDEURS

DRESSÉE D'APRÈS LE P. ANSELME, MORÉRI ET CASTELNAU [1]

NOMS	FEMMES	ENFANTS

BRANCHE des Seigneurs de Mortemart

§ 2

Testament d'Alix, vicomtesse de Rochechouart, fille de Guillaume dit Chomier, seigneur de Mortemart, du mois de septembre 1247.

Je Jacques de Lezignen, compte de la Marche, à tous qui ces présentes lettres verront et orront, savoir faisons, [que dame Hélis filhe] de noble homme Guilhaume dit Chomier, vicompte de Rochechouart, vefve de feu noble homme Aymeric, vicompte de Rochechouard, par devant nous notère a fait constitué et ordonné, et divise sa terre et seigneurie à elle appartenantes, à cause et pour raison de sa succession paternelle entre ses nepveux, enffans de feu Aimeric, son filz aysné, vicompte quand il vivoit dudit Rochechouard, à savoir : messire Foucaut d'Archiac et maitre Simon chanoyne de Limoges, ses enffans, en la forme et manière cy emprès déclarée que est telle :

« A tous qui ces présentes lettres verront et orront salut : Je dame Hélis, vicomptesse de Rochechouard, filhe de feu Guillaume dit Chomier, chevalier, vefve de feu noble homme Aimeric, vicompte de Rochechouard, salut en celluy qui est vray espoir et salut : Sayne de mon entendemeut et estant en une bonne mémoyre, *in nomine Patris et Filii et Spiritûs sancti. Amen,* foys, statue et ordonne mon testament et dernière volunté en la forme et manière qui s'ensuyt :

« Et premièrement, foys, constitue et ordonne mes héretiers tous les enffans masles dudit feu Aimeric, mon fils aisné, vicompte quand il vivoyt dudit Rochechouard, et maistre Symon, chanoyne de Limoges, mes enffans naturelz et légitimes, ung chascun pour la tierce partie de madite terre, seigneurie qui me appartient et est myegne, à cause et pour raison de ma succession paternelle, tout aussin et pour la forme qui cy emprès sera ordonné, divisé et assigné, et pour et affin que au temps advenir ne puisse sortir ne avoir débat ne question entre eulx à cause et pour raison de madite terre, ausdits madite terre leur ay divisée et partie, à ung chascun d'eulx sa tierce partie en la manière qui s'ensy, scavoir est ; ausdits enffans masles dudit feu Aimeric, mon fils aisné et mes nepveux, en faveur et pour cause et raison de l'eyné age et emprès ma mort auront, preudront et possidront, pour leur dite tierce partie le chasteau de Mortemart, avecques toute la chastellainie, homaiges, domainnes, cens, rantes à la dite chastellainie appartenans, excepté toutes foys tous et chascuns mes acquets en quelque part qu'ilz soient en fiefz où autrement, lesquiaulx expressément, pour en dispouser à ma volonté, ai retenuz et retient. Delaquelle dite chastellainie et tierce par- tie, les cens, rantes, domainnes et homaiges s'ensuyvent : Premièrement. — Le péage de Mortemart pour cent soulz de rante chascun an ; les bans de la dite ville de Mortemart, et quarante soulz les molins et le blé de la dite chatellainie, soixante sextiers de seigle et froment, pour neufz livres ; la tailhe des hommes de la dite chastellainie que mon père a ordonné en ladite chastellainie, IIII livres ; et les cens et rantes pour aultres IIII livres ; le péaige de Javerdat pour six livres ; les bians et corvées acoustumés en ladite chastellainie soixante soulz ; les gelluies, vingt soulz ; l'avoine sept livres ; la terre de la Jordane avecques ses apparte- nances pour XXV livres, excepté le pré du « mas des seigneurs » qui est de mes acquetz, sur la terre de Barguelh, six livres ; pour résidu de la dite terre et chastellainie, je le retiens pour en faire à ma volonté ; les garenes de Montsérant, le mas de Bossourtières avecques ses apparte- nances, la terre que tient Robichard, la terre que tient Peytorailh, la terre du Montet avecques ses appartenances et XX soulz sur le péaige de Confolens qui vaut trente livres. Et sont lesdits cens et rantes de la dite tierce partie, excepté la justice et domainnes que es dits cens et ran- tes, et en ceste partie je ne compte point. S'ensuyvent les homaiges de la dite chastellainie : *Premièrement.* — L'omaige de Mosteyroult et de Guilhaume Ytier, l'omaige de Combrailhe, d'Oradeur de Chamagnant et l'omaige de Vouhes, de Fredaygue et de la Béthoulle, et de Beaufort, l'omaige de Guy Bloni, l'omaige de Bruilh Agriffeste, l'omaige de Hellie

de Mons de Frachet, l'omaige de Pierre de Frachet, l'omaige de
Guilhaume de Bruelh, Hellis Katerine de Bruelh de Bellat, l'omaige de
Bernard, Hélies, ung de Mortemart et l'autre de Condomeys, trois
homaiges de Guilhaume Bo....., l'omaige de Gaustier Palestreau,
l'omaige de Rochelidol, l'omaige de Guilhaume Fouscault de Cheba-
noys, l'omaige de Chiche de Gaustier Coche, l'omaige de Sainct Christofle,
Ce sont lesdits homaiges de ladite chastellainie de Mortemart.

Et audit noble Foucaut d'Archiac, mon filz, donne et assigne pour
l'autre tierce partie, la terre et seigneurie de Sainct-Germain, avecques
les cens et rantes emprès ensuyvant : Les cens et rantes dudit Sainct-Ger
main avecques l'omaige de Telh pour XXX soulz ; les rivages de Com-
mersat et de la Charante pour trente une livre, le rivage acoustumée que
Jourdain Pariolle doit vingt soulz, le rivache de Hellie de Fontlebon
XX soulz : Le mas du Pui six livres et ung soulz, la terre de Fontlebon
pour huit livres et dix soulz, le mas du Scillar pour quarante et deux
soulz, le rivage de Fléchier pour onze livres onze soulz, le blé dudit rivache pour vingt et quatre soulz, le mas de Croth pour quatre livres dix
soulz, le mas de Chomène pour vingt et quatre soulz, Marcilhac pour six
livres, le bailliaige de Guilhaume Gourri et de Pierre de la Font pour dix
livres, l'oumonerie pour dix et huit soulz. Ce sont les cens et rantes de
l'autre partie dudit noble Foucault d'Archiac.

Audict maistre Simon, mon autre filz donne et assigne pour l'autre
tierce partie la messon d'Avalhe, avec les cens et rantes cy dessoubz
escriptz et déclérez. Premièrement : le mas de Madour pour sept livres,
le blé d'Azac et de Comerssat pour vingt et quatre soulz, le fieffz de
Comborn pour cinquante et cinq soulz ; la terre de Ribat pour dix soulz ;
le mas Loubat pour sept livres et sept soulz ; le mas de Bualledinerie,
pour soixante soulz ; les Chassagnes pour quatre livres, le mas de Sainct-
Pierre, pour neuf livres et dix soulz ; Avelline pour six livres ; le péaige
et les mollins dudict Availhe pour trente livres, que sont les cens et
rantes de ladite tierce partie dudict maistre Simon, chanoyne susdict.

Toutefoys, veux et ordonne que les homaiges des dites deux tierces
parties dudit Foucault d'Archiac et dudit maistre Simon, mes dits euffans

cy emprès déclarez soient convenablement parties et divis entre eulx
duhemeut, égallement et légitimement comme entre deux frères, excepté
l'omaige de messire Guilhaume de Brilhac, et deux homaiges des servans,
les quieulx veulx et ordonne que soient à part et admis audit messire
Foucault : et premièrement l'hommaige de messire Guilhaume de Brilhac
et Olivier de Brilhac ; l'ommaige de Pierre de Lamothe, Guilhaume de
Lamothe, Geoffroy de Brilhac et Hugues de la Valette, Geoffroy de le
Borde, Pierre de Yssignat, trois homaiges de Pierre du Brelh d'Azac,
les homaiges de Guilhaume de Brilhac, Olivier de le Chatre, Guilhaume
d'Anavailhe, Aimeric de Davailhe, Pierre de l'Estaing, Guilhaume
Peychaud, Hélis de Gontlebon, Marrye de le Porte, Bertrand Vacchon,
clerc, Constantin Pezet, Pierre de Availh, Goubert Peychaud, Guy de
Bloni d'Autefaye, Jordain de Cusset, Tibaud d'Availhe et ung aultre
homaige de la terre Sailhes ; l'omaige de Pierre de Mellat lesquieulx
homaiges dessus déclérez sont les homaiges du chasteau et chastellainie
de Sainct-Germain.

Item, veulx et ordonne que tous et chascun des domaines et héritages
et justice que je ay en ladite chastellainie du dit Sainct-Germain, en
quelque part que je les aye, forestz, bois, estaingz, pescheries, soyent et
demeurent communes audict messire Foucault et messire Simon, mes
dits enfans, excepté la peycherie d'Availhe laquelle je donne audict
messire Simon mon filz, pour sa portion en avantaige tant qu'il vouldront
qu'il soyent communs ou aultrement, veulx que soyent divisés et parties
esgallement comme entre deux frères, l'avoyne que s'appelle l'avoyne
des Champs, veulx et ordonne que se liévent et amassent, par mes dits
enffans par commun et quand sera amassée que soit divisée et partie
entre eux égallement.

Veulx plus et ordonne que oultre la part et porcion du dict messire
Simon, mon dit filz dessus déclaré et assigné soit et demore la mestey-
rie.... pour soixante et deux soulz, et le pré d'Availhe et le pré de Sainct-
Meyxant assis au mas des Aygues. Veulx aussi et ordonne que les dites,
et sept livres que se prennent et lèvent sur ma dicte terre de Saint-Ger-

main pour oulmoné l'églises, que soyent payées égallement pour mes dits enffans messire Foucault et messire Simon.

Et fovs scavoir que en la dite chastellainie de Mortemart y a dix homaiges plus que ès aultres parties de mes dits enffans sus nommez, lesquieulx je donne en avantage à mes dits nepveux enffans du dit feu messire Aimeric, mon filz pour le dit esne age et le dit chasteau et chastellainie de Mortemart, veulx et ordonne que ma dite ordonnance et division par moi fecte de ma dite terre soyt gardée et observée tout ainsin que pour moy a esté fecte et ordonnée, et si aulcun de mes dits enffants ou nepveux vont au contraire en aulcune manière, veulx et ordonne que soient privés de ma dite terre sans jamais y avoir aucun droit pour ce que et tant que je puis d'ores et desga les en prive, et veulx que ma dite terre soit et appartienne à ceulx que mon ordonnance division et partaige tiendrons et observerons : et si aucun autre division partaige ou avantage auprès mon décepz s'apparoisse, veulx et ordonne que soit de nulle efficace, ains veulx mon présent testament et ordonnance, soit tenu et prefféré à tous aultres que pourroit avoir faitz, lesquieulz se aucuns en y a je annule et annihile, excepté toujours, mesdits acquetz lesquieulz, je ne compte point ès dits troys parties sus dictes, sinon six livres sur ma dicte terre de Brigueille, lesquieulz je ay retenuz pour en dispouser à ma volunté, ainsin que dessus ay dit et ordonné.

Et en oultre ay retenu et retient de pouvoir prandre et exiger pour le salut de mon âme et de mes parans et amys trespassés sur les dictes troys parties dessus déclerées, ce que bon me semblera.

Et pour et afin que cestuy mon présent testament et disposition..... soit de plus grande force et valeur, et que soit tenue et observée par mes dits enffans et nepveuz esquieulx commande le tenir que je puys et doys le sigille de mon seau, et fait sceller du seau du roy ordinaire du baillage de Limoges pour les contrats.

Donné et fait au moys de septembre l'an mil deulx centz quarante et sept.

6

Desgranges avecques lo dit mestre Jehan Goubert.	Collation faite avec son propre original par nouz notaires cy soulz escriptz le xxᵉ jour de janvier l'an mil cinq cens et deux.	Goubert avec ledit des Granges.

Au dos de la pièce. « Copie traduicte en françois du testament de Mᵐᵉ Halix, vicontesse de Rochechouart, du moys de septembre 1247.

---

§ III.

Érection de la terre de Mortemart en duché-pairie, en faveur de Gabriel de Rochechouart, marquis de Mortemart (1).

Louis, par la grace de Dieu, roy de France et de Navarre : A tous présens et avenir, salut. Considérons qu'il n'y a rien de plus convenable à la grandeur et majesté des roys que de reconnoistre leurs principaux serviteurs aussi dignement, qu'ils le méritent, et que ceux qui ont joint à la qualité de leur extraction le lustre de plusieurs belles actions et services recommandables, et se sont rendus dignes de la bienveillance du feu roy, nostre très-honoré seigneur et Père, de glorieuse mémoire, que Dieu absolve, ainsi que de la nostre, doivent estre eslevées par des marques d'honneur et d'estime nous sommes conviez de jeter les yeux sur nostre très cher et bien aimé messire Gabriel de Rochechouart, marquis de Mortemart, prince de Tounnay Charante, comte de Maure et de Vivone, pour le qualifier d'un titre convenable à sa naissance et à ses services; sçachans que sa maison est une des plus illustre de nostre royaume, qu'elle est des principales du Poictou; que les seigneurs de Rochechouart, ont eu d'un temps immémorial, le rang et la qualité de vicomte, qui estoit la première audit pays de Poictou, après celle de

---

(1) *Histoire des grands officiers de la couronne de France*, par le P. Anselme, tome IV, p. 645.

comte, que portoien les souverains de la province avant l'union d'icelle
a nostre couronne; que cette famille a esté diverses fois honorée de l'alliance des maisons royalles; que mesme, Edouard, roy d'Angleterre,
donna une sienne fille en mariage à un seigneur de Rochechouart; que
ceux de ce nom ont notablement servi l'église, et cette couronne, dans
les voyages d'outre mer faits par les roys nos prédécesseurs, et dans les
guerres anciennes contre les Anglois et les autres ennemis de cet estat,
dans la France et dans les pays estrangers; qu'en ces derniers temps,
René de Rochechouart, son ayeul, imitant la valeur de ses ancestres,
auroit signalé son courage en la défense de la ville de Poictiers, et fut
honoré de l'ordre du Saint Esprit lors de son institution; que le marquis
de Mortemart d'à présent a esté eslevé dès son bas âge près de la personne du feu roy, qu'il a suivi dans tous les voyages, et dans les guerres
qu'il a esté obligé de soutenir dans son royaume, et en Italie, Lorraine,
Pays-Bas et Espagne, qu'il l'auroit honoré de la charge de premier gen-
tilhomme de sa chambre et dudit ordre du Saint Esprit; l'auroit pourveu
de la charge de gouverneur et lieutenant général aux pays et évêchés de
Metz, Toul et Verdun, et l'auroit toujours considéré comme l'un des
plus fidèles et dignes serviteurs; et desirant à son imitation recognoistre
les anciens et recommandables, et utiles services dudit marquis de Mortemart, et même ceulx que nous avons receu de lui depuis nostre adve-
nement à cette couronne, et l'obliger de plus en plus à nous les continuer en l'honorant d'une dignité que sa condition, et sesdits services luy
ont fait bien mériter, et qui passant à ses héritiers, les invitent à suivre
l'exemple de celui de qui la fidélité inviolable, et les services leur auroit
acquis un tel avantage. Sçavoir faisons que pour ces causes et autres
bonnes considérations, à ce nous mouvans estant bien et deuement in-
formé que les terre, baronnie et marquisat de Mortemart consistent en un
beau domaine, et grand revenu, et que d'icelui dépendent plusieurs
terres, seigneuries et paroisses; sçavoir Morterol, Novie, Blond, Vaury,
Brillofa, partie des paroisses de Cieux et le fief de Fraisse, la paroisse de
Javerdat, partie de la paroisse de Bussière, Beaufils, et des paroisses de
Monterolles, St. Christophe et Mezières, avec le fief, justice et seigneu-

rie de Rochelidoux, et plusieurs autres fiefs, et qu'avec ladite terre ont
esté jointes et possédées par les précédens seigneurs de Mortemart, la baronnie de Saint Victurnien, de laquelle dépendent les chatellenies d'O-
radour–sur–Glanc, du Rupaire, Puygaillard, la Fauvette et la paroisse de
Sainte–Marie–de–Vaux, avec les fiefs de Rochebrune, Maraffy, Razé et
Bonat. Les terres, baronnies et chatellenies de Lussac, Verrières, Dienné
et les membres qui en dependent, dans laquelle terre de Mortemart
sont aussi deux couvents d'Augustins et Carmes, cy-devant fondez par
un cardinal de Mortemart, desquels dépendent plusieurs revenus notables, composez de fonds de terres, justices et seigneuries, mesme de la
seigneurie de Limalonge et partie de la ville de l'Isle-Jourdain, que ladite
terre a encore plusieurs droits suffisant pour maintenir et entretenir à
un titre honorable. Avons, de l'avis de la reine régente, nostre honorée
dame et mère, et de nostre trés cher et bien–amé oncle, le duc d'Orléans, des Princes de nostre sang, officiers de nostre couronne et autres
personnes notables de nostre conseil, et de nostre grâce spéciale,
pleine puissance et autorité royale, crée et érigé, créons et érigeons, par
ces présentes, signées de notre main, la terre, baronnie et marquisat de
Mortemart, avec les terres, baronnies et seigneuries cy dessus denom-
mées, et membres en dépendans en nom, dignité et prééminence de
duché et pairie de France. Voulons ladite terre estre doresnavant dite
et appelée duchée et pairie de France; et conséquemment ledit marquis
de Mortemart et ses successeurs masles estre nommez et réputez ducs de
Mortemart et Pairs de France, pour en jouir et user par luy, et après
son décès par sesdits hoirs et successeurs masles, seigneurs de ladite
terre de Mortemart, perpetuellement et a toujours, en titre et dignité
de duché et pairie de France, avec les honneurs, authoritez, prérogati-
ves, prééminences, franchises et libertez que les autres ducs et Pairs
de France ont, et dont ils usent, tant en justice, juridiction, séance en
nos cours de parlement de Paris, avec voix et opinions délibératives,
qu'en tous autres endroits quelconques, soit en assemblées de Noblesse,
faits de guerre, que autres endroits ou lieux et actes de séance, d'honneur et de rang, et sous le ressort de nostre cour de parlement de Paris,

en laquelle voulons que les appellations qui seront interjettées des officiers dudit duché, ressortissent nuement et sans moyen; et, à celle
fin, avons icelle terre de Mortemart, avec les seigneuries mention-
nées cy dessus, distraite et exemptée, distrayons et exemptons de toutes
nos autres cours et juridictions où elles avoient accoutumé de ressortir,
tant en premiere instance que par appel, auparavant la première création, et en tous cas, fors et excepté les cas royaux seulement, dont la
connoissance appartiendra à nos juges, pardevant lesquels ils avoient
accoutumé de ressortir auparavant cette présente érection; lequel duché
et Pairie ledit marquis de Mortemart tiendra nuement en plein fief; sous
une seule fois et hommage de nous et de nostre couronne, *laquelle
foy et hommage, il sera tenu de nous faire et prêter en qualité de duc et
pair de France,* et comme tel nous voulons, entendons et nous plaist que
tous les vassaux et tenans fiefs le reconnoissent, et quand le cas écherra,
luy fassent et prestent à sesdits enfants, successeurs mâles, les foy et
hommage, et autre reconnoissances, baillent adveus et dénombrement,
fassent et payent les devoirs, selon la nature des terres qu'ils tiennent
de lui audit titre et qualité de duc et Pair de France; et pour l'exercice
de la juridiction dudit duché, voulons que ledit marquis de Mortemart
et ses successeurs ducs de Mortemart puissent establir un siége de justice en la ville de Mortemart avec les officiers qu'il appartiendra, sous le
titre, scel et authorité de duc de Mortemart et Pair de France; à la
charge que, défaillant la ligue masculine dudit marquis de Mortemart
et de ses descendants masles par légitime mariage, ladite qualité de duc
et pair de France demeurera esteinte et retournera ledit marquisat de
Mortemart et les terres y jointes et incorporées en l'estat qu'elles estoient
avant la présente érection, sans que par le moyen d'icelles, ni des edits
et déclarations des années 1562, 1579, 1581 et 1582, verifiées en nostre
cour de parlement, sur l'erection des duchés, marquisats et comtéz l'on
puisse prétendre ledit duché estre uni et incorporé à nostre couronne
par deffaut d'hoirs masles, ni nous, ni nos successeurs roys y puissent
prétendre aucun droit défaillant ladite ligne masculine, en vertu desdites déclarations ausquelles nous avons dérogé et dérogeons par ces pré-

sentes ; d'autant que sans cette condition, ledit marquis de Mortémart n'auroit voulu et ne voudroit accepter la présente création et érection de duché et pairie. Si, donnons en mandement à nos amez et féaux les gens tenans nos cours de parlement, chambre de nos comptes à Paris, et autres nos officiers et justiciers qu'il appartiendra, et à chacun d'eux en droit soy, que ces presentes ils fassent lire, publier et enregistrer ; et du contenu en icelles jouir et user pleinement ledit marquis de Mortemart, sesdits hoirs, successeurs et ayans cause, ses vassaux tenans fiefs, sans leur faire, mettre, ny souffrir leur estre fait, mis ou donné aucun empechement au contraire, lequel si fait, mis ou donné leur estoit, le fassent incontinent réparer, contraignant à ce faire et obéir tous ceux qu'il appartiendra par toutes voyes deues et raisonnables ; car tel est nostre plaisir, nonobstant nos edits et déclarations faits, sur la réunion et reversion à nostre couronne des duchez, marquisats et comtez de nouvelle érection, et toutes autres lettres à ce contraire ; ausquelles et aux derogatoires y contenues, nous avons de nostre mesme puissance et authorité royale, dérogé et dérogeons par ces présentes ; et afin que ce soit chose ferme et stable à toujours, nous y avons fait mettre nostre scel, sauf en autres choses nostre droit, et l'autruy en toutes. — Donné à Paris, au mois de décembre, l'an de grace mil six cens cinquante, et de nostre regne le huitieme. Signé Louis, et sur le reply, par le roy, la reine régente sa mère, presente, *Le Tellier*. Et scéllées sur lacs de soye, du grand sceau de cire verte.

Lettres échangées en 1822 entre M. le duc de Mortemart et
M. Jérôme Léonard se disant baron de Mortemart-Boisse.

Lettre du duc de Mortemart.

Paris, le 26 mars 1822.

J'ai appris, Monsieur, par des voies indirectes et des actes authentiques
qu'une famille, dont plusieurs membres sont dans ce moment aux col-
lèges de Henri IV et de la Flèche, porte le nom de Mortemart et signe
ce nom exactement comme moi.

Le marquis de Mortemart, chef de la branche cadette de notre famille,
et moi, nous ne connaissons aucuns parents de notre nom autres que nos
descendants, et nous ne savons pas qu'il y ait en France de famille qui
s'appelle Mortemart, orthographié comme nous l'écrivons.

Nous nous rappelons que, vers l'an 1809, mon père eut une explication à M. de Mortemard-Boisse, originaire, je crois, du midi de la France.
Nous pensons que si vous êtes du même nom, vous aurez la complaisance
de nous le mander, et que si c'est vous que la Biographie et un Almanach
désignent sous le titre de baron de Mortemart, vous voudrez bien nous
donner des renseignements qui puissent nous faire connaître si vous
seriez de nos parents dont nous ignorerions l'existence, ou d'une famille
seulement semblable de nom.

Vous ne pouvez douter, Monsieur, du soin que nous mettrons à exa-
miner les renseignements que vous nous communiquerez, et de notre
empressement à reconnaître tout ce qu'ils pourront légalement constater.

Le nom est une propriété sacrée ; vous trouverez donc tout simple que
nous soyons jaloux de celui que nous avons, et que nous désirions le
conserver exclusivement à nos enfants, s'ils ont seuls le droit de le porter.

Dans l'attente d'une réponse loyale, comme la demande que j'ai l'honneur de vous adresser au nom de ma famille entière, je vous prie d'agréer, Monsieur, l'assurance de la considération distinguée de votre très-humble serviteur

Rue de Grenelle-Saint-Germain, n° 79.

Réponse signée : « de Mortemart-Boisse » à la lettre du duc de Mortemart, du 26 mars.

Sept-Sorts, ce 30 mars 1822.

J'ai lieu d'être étonné, Monsieur, qu'ayant habité presque continuellemeut Paris de 1811 à 1815, et vous ayant rencontré très-souvent chez les ministres, où j'étais annoncé sous le seul nom de *Mortemart*, vous n'ayez pas jugé convenable à cette époque de demander les explications que vous sollicitez aujourd'hui.

Vous êtes un des fils de ces *Mortemart*, dont l'esprit si distingué était passé en proverbe ; aussi je n'ai pas besoin, je pense, de vous faire observer que je ne vous devrais les renseignements que vous demandez qu'autant que j'aurais annoncé ou que j'annoncerais la prétention de vouloir appartenir à votre famille ; mais au contraire, par un sentiment de délicatesse que vous apprécierez sans doute, j'ai pris soin le jour même de la rentrée des Bourbons, d'ajouter à mon premier nom de *Mortemart* celui de *Boisse*, qu'y joignait souvent mon grand-père. Depuis cette époque j'ai rarement négligé cette précaution, et me croyant ainsi suffisamment séparé de vous, je ne m'attendais pas à l'honneur que vous me faites aujourd'hui. Non, Monsieur, je ne me crois nullement votre parent, j'ignore tout à fait si *dans la nuit des temps* mes pères ont eu quelques rapports avec les vôtres ; mais indépendant par ma fortune, plus encore par mon caractère, qui me semble ne pas vous être assez connu, je repousse loin de moi la pensée de chercher à tirer parti d'une position ou d'un lustre étranger, et avant votre lettre, j'avais déjà établi entre nous une ligne de démarcation.

Avant et depuis le duc de Vivonne, votre famille, Monsieur, s'est illustrée de plus d'une manière, vous même avez eu votre part de notre gloire militaire, et c'est dans les rangs de l'armée française où votre nom vint frapper mon oreille. Blessé assez grièvement à la bataille d'Essling, deux de vos amis vinrent me visiter à l'hôpital *Alsted gassen*, et déjà j'entrevis la parenté qui me poursuivit depuis; ils étaient venus vous voir, ils voulaient au moins avoir vu un de vos parents, mais ils s'en retournèrent désabusés par moi, et furent bien convaincus de n'avoir vu *qu'un homme ordinaire.*

Ces explications, Monsieur, doivent vous prouver que si je sens la dignité de moi-même, je n'en connais pas moins tout le prix que vous devez attacher à votre nom; il fut beau à porter et ce n'est pas depuis vous qu'il le serait moins.

Quant aux deux élèves du collége Henri IV, ce sont mes fils; ceux de la Flèche me sont inconnus, mais cela ne doit point me surprendre, puisqu'en 1813 un autre *Mortemart*, colonel au service d'Espagne était prisonnier de guerre dans le département de l'Orne, et m'était également étranger; que de plus, en 1815, une note outrageante sur tous ceux qui avaient *le malheur* de porter le nom de *Mortemart*, ayant été insérée dans le *Journal des Débats*, plusieurs réclamations vinrent me prouver que ce nom n'appartenait pas *exclusivement* à votre famille, et que d'autres le portaient sans prétendre à la parenté.

Après avoir satisfait au contenu d'une lettre qui, dans son ensemble, offre le ton de la bonne compagnie et le langage d'une âme loyale, j'ai le regret d'être obligé de vous faire sentir, Monsieur, que quelques-uns de ses passages pourraient peut-être s'interpréter diversement; il est donc de mon devoir de vous dire que si votre démarche a été dictée par les procédés que vous êtes digne d'employer, je l'approuve, et suis satisfait d'avoir pu aider votre curiosité; mais que si votre lettre offre quelque chose d'hostile et l'intention de m'offenser, je viens ici vous en demander

7

raison, ma susceptibilité sur tout ce qui touche à l'honneur ne me permettant pas de souffrir la seule apparence d'une insulte.

Dans l'attente d'une prompte réponse, je vous prie, Monsieur, d'agréer l'assurance de la considération distinguée de votre très-humble serviteur.

(Signé) MORTEMART-BOISSE.

Rue Duphot, n° 12.

P. S. — Quant à l'orthographe de votre nom, Monsieur, je vous engage à relire les lettres-patentes qui furent accordées par le roi Louis XIV en 1650, et qui furent registrées le 15 décembre 1663, en conséquence de lettres de surannation du 11 du même mois.

Réponse du duc de Mortemart.

Paris, le 8 avril 1822.

Je reçois en arrivant de la campagne, Monsieur, votre lettre du 30 mars. La demande que j'ai eu l'honneur de vous adresser était formée dans des intentions franches et loyales ; votre réponse, conçue dans le même esprit, a parfaitement satisfait au désir que je formais. Il me reste, en outre, à vous remercier des choses obligeantes que vous me dites sur ma famille et sur moi en particulier. Votre opinion à cet égard et le style de ma lettre doit vous convaincre qu'il n'a pu entrer dans ma pensée d'offenser une personne sur qui je n'ai appris que des choses honorables, et avec qui je n'ai voulu avoir que des rapports du même genre.

Recevez, Monsieur, l'assurance de la considération distinguée, de votre très-humble serviteur.

TROISIÈME PARTIE

Documents produits par les défendeurs à l'appui de leurs prétentions.

§ 1er. — Actes de baptême et de décès des paroisses de Saint-Maurice et Saint-Pierre de Limoges.

§ 2. — Pièces relatives à l'inscription de faux :

1° Procès-verbal de constat du 27 mars 1877 à la requête des demandeurs et signifié le 21 avril 1877 aux défendeurs ;

2° Observations des défendeurs signifiées aux demandeurs en réponse au précédent procès-verbal de constat, le 27 juin 1877.

§ 3. — Documents divers produits par les défendeurs. Actes de l'État civil. — Lettres missives. — Documents divers.

---

§ Ier.

Actes de baptême et de décès des paroisses de Saint-Maurice et Saint-Pierre, de la ville de Limoges (1), (de l'année 1605 à l'année 1703).

Extrait du registre des actes de décès de la paroisse de Saint-Maurice de Limoges en 1605.

A — Le second jour d'aoust 1605 fut ensepvely dans le cemetierre de Saint-Maurice feu *illustrissime* Mre Pierre *de Morthomart*, en son vivent seig^{er} *de La forest de Saint-Martin de Chargnac, etc*^a.

Signé : Bauthut, vicaire de Saint-Maurice.

Pour extrait conforme :

A Limoges, en l'Hôtel-de-Ville, le 10 mars 1875.
Le Maire,

Signé : BOURDEAU, adjoint.

Extrait du registre des actes de baptêmes de la paroisse de Saint-Maurice (Année 1612).

B — Le 14e décembre 1612 fut baptizé à S^{ct}-Maurice *Henry de Mortemar*, fils de *noble de Mortemar et de Léonarde demarzac, sa femme*;

---

(1) Les demandeurs se sont inscrits en faux contre ces actes dits au procès : *Actes de Limoges*. Un jugement avant faire droit, en date du 18 juillet 1877, a ordonné l'apport à Paris des registres sur lesquels se trouvent ces actes, tous droits des parties réservés. Ces registres sont déposés au greffe du Tribunal civil de la Seine. — On a reproduit en italique les parties des actes que les demandeurs prétendent falsifiées.

parrain *Bernard de Mortemar Chevalier* ayeul *dudit* et marraine Anne *Narde*, femme de Martial *demarsac*.

Signé ; Bauthut, curé de Saint-Maurice.

Pour extrait conforme :

A Limoges, en l'Hôtel-de-Ville, le 10 mars 1875.

Le Maire,

Signé : Bourdeau, adjoint.

Extrait du registre des actes de décès de la paroisse de Saint-Maurice
(*Année 1625*).

C — Le 19ᵉ avril 1625 décéda fœu *messire Bernard de Mortemart* et le lendemain fut ensepvuely dans l'église de Saint-Maurice en un tumbeau neuf qui lui aurait été concédé en son vivent à cause qu'il estoit *seigneur dans la commnauté de Benevent*.

Signé : Bauthut, curé de Saint-Maurice.

Pour extrait conforme :

A Limoges, en l'Hôtel-de-Ville, le 10 mars 1875.

Le Maire,

Signé : Bourdeau, adjoint:

Extrait du registre des décès de la paroisse de Saint-Pierre
(Année 1670).

D — Aujourd'huy, dix-huictième aoust mil six cent septante a ésté enterrée dans l'églize demoiselle *Léonarde demarsac*, femme de feu

Mre *Jean de Mortomard*, seigneur *de la forest*, es présence de MM. Pierre Coulomb et Herosme Limouzin.

Signé : L. Martin, vicaire de Saint-Pierre, Coulomb et Limouzin.

Pour extrait conforme :

A Limoges, en l'Hôtel-de-Ville, le 29 mars 1877.

Le Maire,

Signé : A. TARRADE, adjoint.

Extrait du registre des actes de décès de la paroisse de Saint-Maurice (Année 1674).

E — Le dix-septièsme avril 1674 mourut Mre *Henry de Mortemart, Chevalier, âgé de soixante-deux ans*, fils de *Jean de Mortemart, seig^{er} de la forest*, et de Léonarde *De Marsac, ses père et mère* et fut ensevely le mesme jour dans *notre église.*

Signé : Borye, curé de Saint-Maurice.

Pour extrait conforme :

A Limoges, en l'Hôtel-de-Ville, le 17 juin 1875.

Le Maire,

Signé : BOURDEAU, adjoint.

Extrait du registre des actes de baptême de la paroisse de Saint-Pierre (Année 1690).

F — Le neuvième juin de l'an mil six cent nonante, j'ai baptisé un garçon né le jour mesme, qui a eu nom Pierre-Al^{dre}, *fils de Mre Jean de*

Mortemar et *d'Anne* boisse sa femme le parrain, V^ble Pierre dutrey, vicaire de Saint-Martial la marreine d^mle *Magdelaine de Bonnac* lesquels ont signé avec moy.

Signé : M. de *Bonnac*, Dutreix, prêtre, parrain et

Thoury, vicaire.

Pour extrait conforme :

A Limoges, en l'Hôtel-de-Ville, le 11 mars 1875.

Le Maire,

Signé : BOURDEAU, adjoint.

Extrait du registre des actes de décès de la paroisse de Saint-Pierre (Année 1703).

G — Le trentième janvier 1703 a été transporté de la paroisse de Saint-Pierre pour estre inhumé dans l'église de Saint-Martial Mre *M. Jean de Mortemar, seigneur de la forest dauloup, fils de Henry de Mortemar,* décédé le jour précédent, inhumé en présence de Jean Gilles et d'Anthoine Gilles lesquels ont déclaré ne savoir signer de ce enquis.

Signé : Chastaignac, vicaire.

Pour extrait conforme :

A Limoges, en l'Hôtel-de-Ville, le 10 mars 1875.

Le Maire,

Signé : BOURDEAU, adjoint.

PROCÈS-VERBAL DE CONSTAT

L'an mil huit cent soixante-dix-sept et le vingt-sept mars, à neuf heures du matin, s'est présenté en mon étude M⁰ Jules-Michel Pérard, avoué près le Tribunal civil de première instance de la Seine, demeurant à Paris, rue du Quatre-Septembre, n° 12.

« Agissant au nom et comme mandataire de M. François-Marie Vic-
« turnien de Rochechouart, vicomte de Mortemart, propriétaire, de-
« meurant à Paris, rue de Chanaleilles, n° 4, aux termes de la procu-
« ration spéciale qu'il lui a donnée suivant acte passé devant M⁰ Démonts
« et son collègue, notaires à Paris, le vingt-trois du courant, dont le
« brevet original, enregistré et légalisé, m'a été représenté par M⁰ Pérard,
« et auquel je l'ai rendu. »

Lequel m'a dit qu'au cours d'un procès actuellement pendant devant la première chambre du Tribunal civil de la Seine, entre son mandant et plusieurs membres de la famille de Mortemart, d'une part, et plusieurs défendeurs prétendant avoir droit au nom de : *de Mortemart de Boisse*, d'une autre part; il a été produit divers actes anciens de l'état civil levés à Limoges ; que de la comparaison qu'il vient de faire desdits actes avec les minutes déposées à la mairie de cette ville, il résulte qu'il existe des surcharges manifestes, et que des pages des répertoires relatifs auxdits actes ont été supprimées : qu'il lui importe de faire constater ces faits ; qu'en conséquence, il me requérait de me transporter à la mairie de Limoges, bureau de l'état civil, pour y faire telles constatations que de droit, et a signé.

(Signé) J. Pérard.

8

Obtempérant à cette réquisition, je, Louis Bonjour jeune, huissier près le Tribunal civil de première instance de Limoges, y demeurant et domicilié rue Manigne, 28, soussigné ;

Certifie m'être exprès transporté à la mairie de Limoges dans les bureaux des actes de l'état civil et avoir fait, en présence de M* Pérard, les constatations ci-après :

A 1° Dans le registre des actes de décès de la paroisse de Saint-Maurice partant du vingt-deux août 1602 jusqu'au dix-huit décembre 1610, à la date du second jour d'août 1605, constatant le décès de Pierre de Mortemart, les mots : *illustrisime, de Morthomart, seig' de la forest de Saint-Martin de Chargnac*, sont grattés et surchargés d'une manière apparente, que l'encre a des bavures, que le mot *de la forest* dépasse la marge du registre, que notamment le mot *Morthomart* est le plus gratté, qu'il semblerait qu'on aurait mis Mouthomant. Etant ici expliqué que ce registre détaché de sa couverture n'a pas de table ou répertoire.

B 2° Dans un autre registre de la même paroisse partant du 6 janvier 1611 au 19 décembre 1616, à la date du 14 décembre 1612, constatant l'acte de baptême de Henry de Mortemar, les mots : *Noble, de Mortemar, Léonarde de Marsac, sa femme, Bernard de Mortemar, chevalier, et Narde demarzac*, sont grattés et surchargés d'une manière apparente ; qu'aux mots : *demarsac, de Mortemar, Léonarde, chevalier* et *Narde* l'encre a des bavures, que notamment les noms de *Mortemar* et *chevalier* sont très-grattés, qu'entre les mots *Léonarde* et *de Marsac*, les mots *de Mort* sont rayés. Étant ici expliqué que ce registre a une table alphabétique commençant par les noms de baptêmes, et qu'à partir du nom *Fleurance Thadot*, la table passe au nom *Léonard Mouren*, et que les lettres G, H, I, J et K et une partie de L ont été retirées et distraites de ladite table.

C 3° Dans le registre des baptêmes, mariages et décès, de la même paroisse, allant du 11 janvier 1625 au 17 novembre 1626, à la date du dix-neuf apvril 1625, constatant le décès de Bernard de Mortemart, les noms Messire *Bernard de Mortemart* et *seigneur, dans, de Benevent* sont très-grattés et surchargés notamment les mots *Nard de Mortemart*, que l'encre a des bavures principalement aux noms *Nard de Mortemart*, qu'il existe une table alphabétique commençant par les prénoms, et que les pages devant porter les lettres de A, B, C, D, E, ont été enlevées de ladite table ; qu'à la lettre E, il n'existe que les noms *Emery le Gros.*

D 4° Dans le registre de la paroisse de Saint-Pierre allant de l'année 1670, depuis le premier janvier jusqu'au 29 décembre, à la date du 18 août 1670, constatant le décès de demoiselle Léonarde de Marsac, les mots *Léonarde demarsac* et *Jean de Mortomard, de La Forest,* sont grattés et surchargés, notamment les noms de *Jean de Mortomard* et que la particule *de* entre les mots *Léonarde de Marsac* a été intercalée, de telle sorte que les mots *Léonarde de Marsac* paraissent ne faire qu'un seul et même nom. Étant ici expliqué que ledit registre ne comporte pas de table alphabétique.

E 5° Dans le registre des décès de la paroisse de Saint-Maurice, allant du 16 décembre 1664 au 26 décembre 1679, à la date du 17 avril 1674 constatant le décès de Henry de Mortemart, les mots *Henry de Mortemart, chevalier, de soixante-deux ans, de Jean de Mortemart seig' de la forest Demarsac ses père et mère,* et *notre Eglise* sont grattés et surchargés d'une manière apparente, notamment les mots *Henry de Mortemart chevalier, soixante-deux ans* et *De Marsac.* Étant aussi expliqué que ledit registre contient plusieurs tables alphabétiques, mais que les lettres G, H, ont été enlevées et distraites dudit registre.

Il existe un grand registre intitulé : *Répertoire des sépultures de la paroisse de Saint-Maurice de la cité de Limoges,* depuis le premier janvier 1665 fait par J. B. Demaine, vicaire de ladite paroisse. Duquel il résulte qu'à la date de 1674, il ne figure à la lettre H aucun acte sous le nom de *Henry de Mortemart*, et que ce registre répertoire qui est fait non pas par lettre alphabétique des noms de baptêmes mais bien par les noms patronimiques de famille, il n'existe, à la date de 1674, aucun acte du nom *de Mortemart*.

F 6° Dans un registre assez volumineux de la paroisse de Saint-Pierre, portant pour inscription : *Baptêmes depuis 1682 jusqu'à 1706* ; à la date du neuvième juin de l'an mil six cent nonante établissant le baptême de Pierre Alexandre de Mortemar, les noms *Al^{dre} fils de messire Jean de Mortemar* et *d'Anne* et *Magdelaine de Bonnac*, sont grattés et surchargés d'une manière très-apparente, notamment les mots : *Mre Jean de Mortemar* et *d'Anne.* A la fin de ce registre, il n'existe aucune table alphabétique, mais il existe un cahier séparé des actes de baptêmes de ladite paroisse servant de répertoire ou de table alphabétique. Ce registre est divisé par année et contient séparément les baptêmes de filles et ceux de garçons; il en résulte que pour l'année 1690 la nomenclature des baptêmes de filles s'arrête à *Françoise Dumas, 6 septembre.* Sur le feuillet suivant commencent les baptêmes de garçons de l'année 1791, et il est matériellement évident que la page contenant la nomenclature finale des filles baptisés en 1690, la totalité de celle de garçons baptisés en la même année, et les baptêmes de filles de 1691, a été déchirée et enlevée du cahier; il reste encore des traces de la déchirure.

G 7° Dans un registre assez volumineux de la paroisse de Saint-Pierre, portant pour inscription : *Mortuaires jusqu'à 1736, 1662 à 1736*, à la date du trentième janvier 1703, établissant le décès de Mr Me Jean de Mortemar, les mots : *Me Jean de Mortemar, seig^r de la forest dauloup, fils de Henry de Mortemar* sont grattés et surchargés d'une façon très-apparente, notamment les noms *Jean de Mortemar, la forest, Dauloup* et *fils de Henry de Mortemar.* Ce registre n'est assorti d'aucune table alphabétique.

N'ayant rien plus trouvé quant à présent à constater, j'ai dressé et clos mon procès-verbal toujours en présence et avec l'aide de M⁰ Pérard qui a signé avec moi : Le tout pour servir et valoir ce que de droit.

Le coût est de vingt-quatre francs 35 centimes. (Signé) PÉRARD, BONJOUR jeune.

Enregistré à Limoges le 28 mars 1877, f° 39, c° 18. Reçu 3 fr. 75 c.

(Signé) illisiblement.

OBSERVATIONS DES DÉFENDEURS

A la requête de M. de Mortemart, duc de Casole et consorts ;

Ayant M⁰ Benoist pour avoué ;

Soit signifié et déclaré à M⁰ Pérard, avoué de M. de Rochechouart, duc de Mortemart et consorts :

Que, suivant acte du Palais en date du 21 avril 1877, ces derniers ont fait signifier un procès-verbal de constat dressé par Bonjour jeune, huissier à Limoges, le 27 mars précédent, et ont, en même temps, déclaré s'inscrire en faux contre sept actes relevés sur les registres des paroisses de Saint-Maurice et de Saint-Pierre de Limoges, produits par les requérants, lesdits actes objet du constat dont il s'agit ;

Que les requérants, après vérification des minutes, relèvent sur ledit procès-verbal et sur lesdits actes les observations suivantes :

§ Ier.

Acte du 2 août 1605 (Paroisse Saint—Maurice).

A — Le second jour d'août 1605 fut ensevely dans le cimetière de Saint-Maurice feu illustrissime M. Pierre de Morthomart en son vivant seigneur de la Forest-de-Saint-Martin-de-Chargnac, etc.

Le procès-verbal est ainsi conçu : les mots illustrissime de Morthomart, seigneur de la Forest de Saint-Martin de Chargnac, sont grattés et surchargés d'une manière apparente ; l'encre a des bavures ; le mot de la Forest dépasse la marge du registre, notamment le mot *de Morthomart* est le plus gratté, il semblerait qu'on aurait mis Monthomant, Ce registre détaché de sa couverture n'a pas de table ni répertoire.

RÉPONSE.

Ce registre (comme bien d'autres du reste qui se trouvent aux archives de la mairie de Limoges) est composé d'un papier jaunâtre, spongieux, usé dans bien des endroits, offrant dans toutes les pages de très-nombreux endroits transparents, qui, s'ils étaient rares ou isolés, pourrait faire croire à des grattages ; mais lorsqu'on regarde les pages de ce livre au jour, on voit clairement qu'il n'y a pas eu de grattages. Il n'y a ni grattages ni surcharges dans les mots signalés au procès-verbal. Toutes les pages du volume offrent les mêmes caractères. Les apparences de grattage sont même bien autrement visibles dans d'autres actes, notamment dans un acte de la même page du 21 août 1605, où le mot *cordonnier*, profession du père de l'enfant dont ledit acte constate le baptême semblerait avoir été gratté et reconstitué tout comme le mot Morthomard. Cela tient uniquement à la nature du papier.

Il est absolument inexact de dire que le mot Morthomart semble avoir été écrit Monthomant ; le mot, vu à la loupe, ne laisse aucun doute sur son orthographe. Il eût suffi, d'ailleurs, à l'auteur du procès-verbal de comparer les *r* du mot Morthomart à tous ceux des actes du registre écrits par le même curé Bauthut, pour se convaincre que tous ressemblent à un *n* inachevé et dont le second jambage serait en l'air (r).

Si le mot de la Forest dépasse de trois lettres, au côté droit de la page, la ligne des autres mots (et non la marge qui n'existe pas de ce côté), ce fait se reproduit trois fois dans la même page à d'autres actes et dans une foule d'autres du même registre....

Le registre est détaché de sa couverture, il n'a ni table ni répertoire; mais il en est de même d'un grand nombre d'autres registres, et, notamment d'un registre de la même paroissse tenu par le même curé Bauthut, de 1617 à 1620, dans lequel ne se trouve aucun des actes invoqués.

En résumé, l'examen du registre et de l'acte du 2 août 1605, ne laisse pas de doute sur l'authenticité du mot de Morthomart ainsi écrit.

§ II.

Acte du 14 décembre 1612 ainsi conçu :

B — Le 14 décembre 1612, fut baptisé à Saint-Maurice, Henry de Mortemar, fils de noble de Mortemar et de Léonarde (*sic*) Demarzac, sa femme, parrain Bernard de Mortemar, chevalier, ayeul dudit, et marraine Anne Narde, femme de Martial de Marzac.

Le procès-verbal dit : les mots Noble de Mortemar, Léonarde de Marzac, sa femme, Bernard de Mortemar, chevalier, et Narde de Marzac sont grattés et surchargés d'une manière apparente. Aux mots de Marzac, de Mortemar, Léonarde, chevalier et Narde, l'encre a des bavurees, notamment les mots de Mortemar et Chevalier sont très-grattés. Entre les mots Léonarde et de Marzac les mots de Mort sont rayés.

Etant ici expliqué que ce registre a une table alphabétique commençant par les noms de baptême, et qu'à partir du nom Fleurance Thadot, la table passe au nom Léonarde Houren, et que les lettres G, H, I, J et K et une partie de l'L ont été retirées et distraites de la table.

RÉPONSE.

Le papier de ce registre est, comme celui du précédent, spongieux, jaune, usé et transparent dans une foule d'endroits, comme un papier gratté. Les surcharges et bavures relevées n'existent pas, il suffit de voir l'acte et le surplus du registre pour s'en convaincre; quant aux grattages prétendus, la nature du papier seule a pu y faire croire et en explique les apparences.

Observation essentielle. — Le procès-verbal ne relève rien et ne peut rien relever sur les mots *Henry de Mortemar* qui commencent l'acte; ces mots sont on ne peut plus clairs et nets, sans aucun des caractères qu'on a cru voir dans les mots suivants. Ils sont par un heureux hasard placés dans un des endroits *pleins* de la page, n'offrant pas la transparence et par suite les apparences du grattage qui ont été signalées ailleurs. Ils sont donc absolument inattaquables et d'ailleurs inattaqués. Cette seule observation devrait rendre toute autre discussion inutile, car si l'enfant baptisé le 14 décembre 1612 s'appelait bien Mortemar, son père avait nécessairement le même nom. Les autres énonciations de l'acte sont aussi authentiques au moins quant au nom de Mortemar, et lorsque nous retrouverons plus tard l'acte de décès de ce même Henry de Mortemar, il semble bien difficile d'en contester la régularité quant au nom.

Au surplus, un fait constaté par le procès-verbal lui-même achève sur ce point la démonstration : c'est la rature des mots *de mort*, telle qu'elle est figurée ci-dessus. Le curé Bauthut, en écrivant l'acte de baptême, avait commencé le nom de la mère par ces mots *de mort*, mais c'était là son nom de femme; il a raturé ce mot commencé, et y a substitué le nom de fille : de Marzac. Les mots *de mort* sont on ne peut plus nets malgré la rature; on voit, et cela d'une façon indéniable, qu'ils ont été écrits *uno tenore* par la même main du curé Bauthut, qui a écrit tout le surplus de l'acte; ils confirment, d'une façon certaine, l'authenticité du nom du père que le curé avait commencé à donner à la mère et qu'il a aussitôt, après rature, remplacé par le nom de fille de celle-ci.

Il est exact qu'il manque un feuillet de la table; mais, en voyant l'état du registre et du surplus de la table, on ne peut s'étonner qu'un feuillet se soit détaché : la table au registre tenu par le même curé Bauthut, de 1617 à 1620, a bien disparu tout entière.

D'ailleurs, s'il est constant que les mots Henry de Mortemar sont inattaquables et inattaqués, si la rature des mots de Mort entraîne la démonstration ci-dessus, il est permis de se demander quel intérêt les auteurs des requérants auraient pu avoir à la disparition de la table.

§ III

Acte du 19 avril 1625, ainsi conçu :

C — Le dix-neuf apvril mil six cent vingt-cinq décéda messire Bernard de Mortemar, et le lendemain fut ensevely dans l'église de Saint-Maurice, en un tombeau neuf qui lui avait été concédé de son vivant à cause qu'il était seigneur dans la communauté de Bénévent.

Le procès-verbal dit : les noms messire Bernard de Mortemar et seigneur dans..... de Bénévent sont très-grattés et surchargés, notamment les mots Nard de Mortemar.

L'encre a des bavures, principalement aux mots : Nard de Mortemar. Il existe une table alphabétique commençant par les prénoms. Les pages devant porter les lettres A, B, C, D, E. ont été enlevées de ladite table. A la lettre E n'existe que le nom Emery le gros.

RÉPONSE

En regardant les mots signalés à la loupe, et en les appliquant au carreau, on voit qu'ils ne sont ni plus ni moins surchargés ou grattés que les autres mots de l'acte, notamment les mots : apvril et tombeau, et bien des mots dans une foule d'autres actes (notamment dans un acte du 15 juin 1625, feuillet 6 B). Ces apparences tiennent au papier. Même observation pour les bavures.

L'auteur du procès-verbal a commis une erreur manifeste quand, à la table, il n'a pas vu que la table est divisée en trois parties. Aux naissances manquent en effets les lettres A, B, C, D et la plus grande partie de la lettre E, puisqu'on n'y trouve qu'un seul nom (Emery le Gros), mais l'acte étant un acte de décès, la table des naissances importe peu.

Pour les mariages, la table contient toutes les lettres, mais elle contient une omission, car elle ne fait nulle part mention d'un acte de mariage entre Aimard Rattier et Narde Raymond, qui, cependant, est bien inscrit à la date de février 1626, feuillet 15 A, à la suite d'un autre mariage qui figure bien sur la table.

Pour les décès : Toutes les lettres postérieures à l'X manquent; mais la table étant faite par lettres alphabétiques des noms de baptême, c'est au B (Bernard de Mortemar) que devrait se trouver mentionné l'acte de décès qui nous occupe. La table de B existe, mais l'acte de décès en question n'y est pas mentionné; c'est une omission semblable à celle qui a été signalée pour les mariages avec cette observation, que de même que l'acte de mariage omis suivait un autre acte de même nature, de même l'acte de décès de Bernard de Mortemar, omis aussi à la table, suit un autre acte de décès concernant un nommé Bertrand Landin.

§ IV

Acte du dix-huit août mil six cent soixante-dix (paroisse de Saint-Pierre), ainsi conçu :

D — Aujourd'hui dix-huit août mil six cent soixante-dix, a été enterrée dans l'église Damoiselle Léonarde de Marsac, femme de feu Mre Jean de Mortemard, seigneur de la Forest.

Le procès-verbal dit : Les mots Léonarde de Marsac et Mre Jean de Mortemard de Laforest sont grattés et surchargés, notamment les noms Jean de Mortemard; la particule *de* entre les mots et Léonarde de Marsac a été intercalée de telle sorte que les mots Léonarde de Marsac paraissent ne faire qu'un seul et même mot.

Ledit registre n'a pas de table alphabétique.

RÉPONSE

Mêmes observations que pour les actes précédents en ce qui concerne les prétendus grattages et surcharges. La syllabe *de,* qui termine le mot Léonarde, et la particule *de*, qui commence aussitôt après le nom de Marsac, sont en effet un peu serrées, mais cela peut s'expliquer par le fait que l'écrivain aurait oublié la particule qui commence le nom de Marsac et l'aurait intercalée; cela n'a, du reste, rien de choquant; le tout est évidemment écrit de la même main, de la même encre, sans aucune apparence d'une altération qui aurait été faite après coup.

§ V

Acte du 17 avril 1674, ainsi conçu :

E — Le dix-sept avril mil six cent soixante-quatorze, mourut Mʳᵉ Henry de Mortemart, chevalier, âgé de soixante-deux ans, fils de Jean de Mortemart, seigneur de la Forest, et de Léonarde de Marsac, ses père et mère, et fut enseveli le même jour dans notre église.

Le procès-verbal dit : les mots Henry de Mortemart, chevalier, de soixante-deux ans, de Jean de Mortemart, seigneur de la Forest, de Marsac, ses père et mère, et notre église, sont grattés et surchargés d'une manière très-apparente, notamment les mots Henry de Mortemart, chevalier, soixante-deux ans, et de Marsac.

Ledit registre contient plusieurs tables alphabétiques, mais les lettres G H ont été enlevées et distraites dudit registre.

Il existe un grand registre intitulé : Répertoire des sépultures de la paroisse de Saint-Maurice, de la cité de Limoges, depuis le 1ᵉʳ janvier 1665, fait par J.-B. Denaine, vicaire de ladite paroisse, duquel il résulte qu'à la date de 1674, il ne figure à la lettre H aucun acte sous le nom de Henry de Mortemart, et que, dans ce registre-répertoire, qui est fait non par lettres alphabétiques de noms de baptêmes, mais bien par les noms patronimiques, il n'existe, à la date de 1674, aucun acte du nom de Mortemart.

RÉPONSE

Les mots de Mortemart, dans Henry de Mortemart, sont nets et intacts. De même, et sans contestation possible, les mots Jean de Mortemart.

De même aussi les mots : seigneur de la Forest.

Les autres qu'on prétend surchargés ne le sont pas : ils sont encore moins *grattés*, car autrement on verrait à ces places le papier plus transparent qu'ailleurs ce qui n'existe pas. Un seul point transparent existe entre l'Y de Henry et la particule *de* : mais cela peut dépendre du papier et est d'ailleurs sans conséquence, puisque les autres mots sont intacts.

Il est à remarquer pour cet acte comme pour les autres (et s'il est permis de le dire, cela est encore plus certain ici qu'ailleurs), que l'écriture de l'acte tout entier est la même sans contestations possibles. Pour admettre une substitution de tant de mots à ceux qui devaient s'y trouver auparavant, il faudrait supposer un talent d'imitation vraiment impossible, et qui, tout au moins, présenterait quelques imperfections qui n'existent pas.

La table annexée au livre n'est pas complète : il y manque les lettres G et H, comme on l'a remarqué ; mais on s'est abtenu de constater qu'il y manque également la lettre A qui est étrangère à la question et qu aurait dû se trouver sur le premier feuillet d'une feuille double dont le deuxième feuillet existe bien.

L'observation relative au registre répertoire est exacte en ce sens qu'il ne contient pas pour 1674 le nom de Mortemart.

Mais on va voir qu'elle n'est en aucune façon concluante et qu'il n'y a là qu'une omission pure et simple.

Pour traduire le raisonnement que les adversaires veulent tirer du fait et de leurs constatations, il faut dire ce qui suit : Il existe sur le registre des décès de la paroisse de Saint-Maurice, année 1674, au 17 avril de cette même année, un acte de décès. Mais cet acte de décès s'appliquait à une famille autre que les de Mortemart. On a substitué les noms de Mortemart à ceux qui s'y trouvaient. et l'on a ainsi attribué à la famille de Mortemart un acte qui lui était étranger. Et c'est pour dissiper cette substitution qu'on a supprimé à la table du registre la lettre H qui aurait dû faire mention de Henry de Mortemart. Enfin, ce qui confirme tout cela, c'est que le répertoire ne contient pas le nom de de Mortemart, en 1674.

Admettons tout cela pour un moment, admettons que l'acte du 17 avril 1674 a été gratté et que les noms anciens ont été remplacés par d'autres, l'acte en lui-même (abstraction faite de noms) n'en existe pas moins ; il n'a pas été intercalé après coup, il suffit de voir le registre pour en être certain, et comme il s'agit d'un acte de décès, ce qui n'est pas davantage contesté ni contestable, puisqu'il est sur le livre spécial aux décès, il faut bien en conclure que si cet acte de décès ne s'appliquait pas aux de Mortemart, il s'appliquait à une autre famille quelconque.

L'acte est du dix-sept avril ; il est précédé d'un acte de décès du seize et suivi d'un autre du dix-neuf : on doit donc trouver au répertoire, entre le seize et le dix-neuf avril compris, mention d'un décès dont on ne retrouverait pas l'acte dans le corps du livre. *Or, il n'en est rien.* Vérification faite, il n'y a au répertoire, pour les quatre jours compris entre les 16 et 19 avril 1674, que deux actes de décès s'appliquant, l'un du 16, à Léonard Faure, l'autre, du 19, à Anne Jaube. Il n'en existe aucun autre, d'où cette conclusion forcée qu'on a omis celui du 17, celui dont il s'agit. On ne peut plus dire qu'il s'applique à une autre famille, car dans ce cas, on aurait inévitablement trouvé le nom de cette famille au répertoire, sous la date du 17 avril 1674.

Ces sortes d'omissions sont on ne peut plus fréquentes, nous en avons déjà indiqué : un travail attentif en ferait découvrir bien d'autres ; mais le nom de Léonard Faure que nous venons de citer, en fournit un nouvel exemple : l'acte qui le concerne est bien dans le corps du livre, il est au registre-répertoire : il n'est pas mentionné dans la table par prénoms qui termine le livre.

§ VI.

Acte du neuf juin mil six cent quatre-vingt-dix (Paroisse de Saint-Pierre) ainsi conçu :

F — Le neuvième juin de l'an mil six cent quatre-vingt-dix, j'ai baptisé un garçon né le jour même qui a eu nom Pierre-Al^{dre}, fils de M. Jean de Mortemart et d'Anne Boysse, sa femme ; le parrain V^{ble} Pierre Vatrey, vicaire de Saint-Martial, la marraine, d^{elle} Magdelaine de Bonnac, lesquels ont signé avec moy.

Le procès-verbal dit : les noms Alexandre, fils de Mre Jean de Mortemar et d'Anne et Magdelaine de Bonnac sont grattés et surchargés d'une manière très-apparente, notamment les mots Mre Jean de Mortemar et d'Anne.....

Réponse.

Il n'y a pas de surchages ni grattages notamment sur les mots : Jean de Mortemar et d'Anne. Si l'on remarque une certaine différence de teinte entre ces mots et le surplus de l'acte, cela peut tenir au papier et surtout à ce que la main des copistes, qui s'est promené plus souvent sur cet acte que sur ceux qui précèdent ou qui suivent, l'a sali et un peu oblitéré en certains endroits.

Quant aux mots : Magdelaine de Bonnac ils sont très-nets, et d'ailleurs la signature de Bonnac est inattaquée et inattaquable. Ceci est, au reste, étranger au point en litige, nous ne le relevons qu'à titre d'erreur dans le procès-verbal.

Le procès-verbal continue ainsi : A la fin de ce registre, il n'existe aucune table alphabétique, mais il existe un cahier séparé des actes de baptême de ladite paroisse, servant de répertoire ou de table alphabétique. Ce registre est divisé par année et contient séparément les baptêmes des filles et des garçons. Il en résulte que pour l'année 1690. la nomenclature des baptêmes des filles s'arrête à Françoise Dumas, 6 septembre, sur les feuilles suivantes commencent les baptêmes des garçons de l'année 1690, et il est matériellement évident que la page contenant la nomenclature finale des filles baptisées en 1690, la totalité de celle des garçons baptisés en la même année, et les baptêmes des filles de 1691 a été déchirée et enlevée du cahier, il reste encore des traces de la déchirure.

RÉPONSE.

1° Nous n'avons pu constater les traces de la prétendue déchirure : le cahier en question a été relié depuis la confection du procès-verbal ; il est impossible de savoir si le procès-verbal a traduit exactement le fait ;

2° En tous cas, il contient l'erreur matérielle suivante : Le commencement de la table des garçons de 1690 existe comme celui de la table des filles, contrairement à l'énonciation du procès-verbal ; il en est de même de la table des filles de 1691 : elle existe contrairement aux énonciations du procès-verbal, ce qui manque, c'est tout à la fois la fin des garçons et la fin des filles de 1690, et rien que cela, toutes ces listes sont faites sans ordre et évidemment après coup.

§ VII.

Acte du trente janvier mil sept cent-trois (Paroisse Saint-Pierre),
ainsi conçu :

G — Le trente janvier mil sept cent trois a été transporté de la paroisse Saint-Pierre pour être inhumé dans l'église de Saint-Martial, Mr Me Jean de Mortemar, seigneur de la Forest Dauloup, fils de Henry de Mortemar, décédé le jour précédent, inhumé en présence de......

Le procès-verbal dit : Les mots Me Jean de Mortemar, seigneur de la Forest Dauloup, fils de Henry de Mortemar, sont grattés et surchargés d'une façon très-apparente, notamment les noms : Jean de Mortemart, la Forest Dauloup et fils de Henry de Mortemar.

RÉPONSE

Les grattages et surcharges allégués. n'existent pas. Les mots signalés n'offrent pas de dissemblances notables avec les autres; ce qui a pu y faire croire pour les mots Henry de Mortemar, c'est qu'ils sont écrits au verso d'un feuillet sur le recto duquel avaient été raturés, à la place exactement correspondante, à pleine encre et à gros traits, deux mots d'un acte portant la date du 6 janvier 1703, ce que le procès-verbal s'est abstenu de constater. Cette rature a rendu à cette place le papier encore plus spongieux, et a rendu moins nette l'écriture, faite quelques jours après, des mots Henry de Mortemar.

Si l'on compare cet acte du 30 janvier à d'autres du même registre, notamment à un acte du 18 décembre 1702 (n° 4·du 10ᵉ feuillet au verso), on verra que les apparences de celui dont nous nous occupons sont encore infiniment moins irrégulières.

On retrouve partout dans ce registre les taches blanches et transparentes du papier, déjà signalées pour d'autres, qui feraient supposer des grattages qui n'existent pas.

Le procès-verbal constate avec raison que ce registre n'est assorti ni de tables, ni de répertoires.

En résumé. Les surchages et grattages signalés n'existent pas, la nature du papier spongieux, jaune transparent, usé, explique les caractères qui ont été relevés, mais qu'il faudrait constater pour ainsi dire dans tous les actes de ces mêmes registres. D'autres circonstances, comme la rature d'autres mots à la page correspondante, expliquent les apparences que le procès-verbal a prises pour des réalités.

Il n'y a pas davantage à tirer argument de l'absence ou de la disparution de certaines feuilles des tables qui sont annexées à quelques-uns des registres (tous sont loin d'en être pourvus) les requérants n'ont point à expliquer ces disparitions qui ne pourraient nuire qu'à eux-mêmes, qui trouveraient d'ailleurs une explication suffisante dans l'état de ruine et de délabrement des registres, les nombreuses lacunes et omissions dont fourmillent ces tables, rendent sans importance celles qui pourraient concerner les requérants, et si le répertoire des sépultures de Saint-Maurice ne contient pas la mention de l'acte de décès de Henry de Mortemar, du 17 avril 1674, il a été expliqué ci-dessus comment ceci ne pouvait constituer qu'une simple omission, puisque l'acte en lui-même existe au registre (abstraction faite du nom) et qu'il n'y a sur le répertoire aucune mention qui puisse s'y rapporter sous quelque nom que ce soit.

Si l'on voulait prétendre qu'il y a eu des altérations, on ne comprendrait pas qu'elles eussent été faites de façons différentes, et qu'on eût écrit le nom patronymique avec quatre ortographes différentes, savoir : Morthomart, Mortemar, Mortemart et Mortomard; le faussaire, pour parler comme les demandeurs, y aurait mis, sans plus de difficulté, plus de suite et d'habileté. La même observation s'applique au nom de Marsac, qui est écrit tantôt en un seul mot, tantôt en deux, tantôt par un Z, tantôt par un S.

Enfin, sans parler de tous les actes où le nom de de Mortemar (écrit avec ou sans T à la fin) est incontestablement authentique, malgré les critiques élevées par les demandeurs, malgré les allégations de surcharge et de grattage auxquelles il a été répondu, il en est un tout au moins qui est inattaqué, c'est celui du 14 décembre 1612, constatant le baptême de Henry de Mortemar (acte n° 2), dans lequel les mots Henry de Mortemar sont nets, clairs, sans aucun des caractères relevés contre les autres.

La conséquence forcée de ceci, c'est que cet acte à lui seul suffirait pour authentiquer les autres, s'il en était besoin, car si le nom de l'enfant baptisé est inattaquable et inattaqué, le nom de son père en découle, ainsi que celui de ses enfants.

A ce que le dit Mᵉ Pérard n'en ignore.

Dont acte. Pour copie,

Signé : BENOIST.

I

Actes de l'Etat civil produits par les défendeurs,
suivant l'ordre chronologique.

PAROISSE SAINT-ROCH
Paris.

Décès de l'an 1754.

L'an mil sept cent cinquante-quatre et le cinq juillet, a été inhumé au cimetière le corps de Françoise-Michelle Poncet, épouse de Pierre-Alexandre de Mortemart-Boisse, consul de France en Espagne, décédée hier, rue Saint-Honoré, âgée d'environ cinquante ans; présents : sieurs Firmin Mignard, bourgeois de Paris, à cette paroisse, même rue, et Jacques Hurel, marchand limonadier, aussi de cette paroisse, dite rue, qui ont signé, par nous, docteur en théologie, de la Faculté de Paris, aussi de cette paroisse, Couteau, Mignard, Hurel et Marduel, curé de Saint-Roch.

Pour extrait conforme,

Ce 25 avril 1827.

Le Secrétaire général.

PAROISSE DE SAINT-ROCH

Extrait des registres des actes de mariage de dix-sept cent cinquante quatre.

L'an mil sept cent cinquante-quatre, le trois septembre, après la publication d'un ban de cette église, vu la dispense de deux autres accordée par Monseigneur notre archevêque, en date du même jour, signée de ..... vicaire général, et plus bas, Delatouche ensemble la permission de fiancer et marier le même jour, ont été mariés et ont reçu de nous, vicaire soussigné, la bénédiction nuptiale, après avoir pris leur mutuel consentement, Pierre-Alexandre de Mortemart de Boisse, ancien consul de France à Malaga, *veuf majeur* de Françoise Michelle Poncet, de cette paroisse, rue Saint-Honoré, d'une part, et Jeanne-Louise de Marle, fille mineure de défunt messire Charles de Marle et de dame Désirée Olivieri, aussi de fait et de droit de cette paroisse, dite rue Saint-Honoré; ont asssisté pour témoins messire Jean-Thomas Daraud, écuyer, conseiller d'ambassade du roi de Pologne, électeur de Saxe, de la paroisse de la Madeleine de la Ville-l'Evêque, rue Basse-du-Rempart, Mre Pierre Delagarde, pensionnaire du roi, de la paroisse Saint-Eustache, rue de Richelieu, lesquels nous ont certifié que ledit futur époux est sorti de Malaga, depuis quinze mois, où il était consul de France, pour aller à Carthagène, où il a demeuré onze mois et quelques jours, d'où il est arrivé à Paris, depuis deux mois où il réside en cette paroisse pour ses affaires; pour la mère de l'épouse, messire Nicolas-Charles Delaunay-Cotteraut chevalier, demeurant rue Saint-Honoré, en cette paroisse, et Pierre Benomant, chirurgien ordinaire de S. A. R. Mgr le duc de Berry, conseiller du comité perpétuel de l'Académie royale de chirurgie, ancien marguiller de cette paroisse, demeurant rue de l'Échelle, tous, lesquels témoins nous ayant certifié les libertés et domiciles des susdits époux, ont signé :

Mortemart de Boisse, de Marle, Oliviery, Demarle, Delaunay Cottereau, Lagarde, Benomant, d'Araud, Leblanc.

Pour extrait conforme,

Ce 27 mars 1827,

Le Secrétaire général.

Extrait du registre des actes de baptême de la ville de Versailles, déposé au greffe du Tribunal civil de ladite ville pour l'année 1768.

L'an mil sept cent soixante-huit, le onzième may, Pauline-Antoinette-Théodore, née d'hier, fille légitime de M. *Pierre-Alexandre de Mortemard de Boisse*, conseiller du Roy, ancien consul de France en Espagne, et de demoiselle Jeanne-Louise-Philippine de Marle, a été baptisée par nous soussigné prêtre de la mission faisant les fonctions curiales, le parein a été M. Jean-Baptiste-Paul Le Fèvre, comte de la Brullaires et la mareine Demoiselle Antoinette Daché, épouse de M. de Le Bez, lesquels et le père ont signé avec nous.

Signé : Antoinette Daché, Delebé, Lefebvre, Brulaire et Ballel, prêtre.

Pour extrait conforme, délivré par nous, greffier soussigné,

Versailles, ce 18 août 1877,

Signé : TEXIER.

Vu par nous, Président du Tribunal civil de Versailles, pour légalisation de la signature de M. Texier, commis-greffier, apposée ci-contre,

Versailles, le 18 août 1877,

Signé : (Illisiblement).

Extrait du registre des actes de naissance de la ville de Versailles, déposé au greffe du Tribunal civil de ladite ville pour l'année 1771.

L'an dix-sept cent soixante-onze, le vingt-un novembre,

Joseph-Marie, née d'hier, fille légitime de messire Pierre Chevallier de Mortemart, seigneur de Boisse, et de dame Jeanne-Louise-Philippe de Marle, a été baptisée par nous, soussigné, prêtre de la mission faisant les fonctions curiales. Le parrain a été Joseph-Marie Le Férou, fils de messire Esprit Juvenal le Férou, seigneur des Tournelles et de Fouchu, et la marreine, dame Marie-Magdeleine de Marle, femme de messire le comte Le Férou, qui ont signé avec nous.

Signé : De Marle, Le Férou et Ballel, prêtre.

Pour extrait conforme, délivré par nous, greffier soussigné,

Versailles, ce 18 août 1877,

Signé : Texier.

Vu par nous, Président du Tribunal civil de Versailles, pour légalisation de la signature de M. Texier, commis-greffier, apposée ci-contre,

Versailles, le 18 août 1877,

Signé : (Illisiblement).

Extrait des pièces annexées aux actes de mariage de la ville de Lyon (Rhône), déposées au greffe du Tribunal civil de ladite ville.

IL Y A PROMESSES DE MARIAGE

Entre :

M. Léonard de Mortemard de Boisse, adjudant de place, membre de la Légion d'honneur, actuellement à Lyon, logé place Bonaparte, n° 125, fils majeur et légitime de M. Marc-Marie de Mortemard, chef de bataillon, commandant de la citadelle de Pampelune, et de feue Dame Jeanne Merlet, d'une part;

Et

Mademoiselle Marie-Françoise-Pauline Auriol, fille légitime de feu

M. Réné-François Auriol et de vivante dame Antoinette Carlet, avec laquelle elle réside même place Bonaparte, n° 125, d'autre part.

Suivant le consentement donné par les parties intéressées au notaire soussigné, les époux futurs procéderont savoir : le futur époux du consentement de Monsieur son père et la future épouse du consentement de Madame sa mère.

Fait à Lyon, le neuf février mil huit cent onze.

Signé : Dugneyt.

Pour extrait conforme,

Le greffier du Tribunal,

Signé : Mathieu.

Vu par nous, juge au Tribunal civil de Lyon, M. le Président étant empêché, pour légalisation de la signature de M. Mathieu, en la qualité qu'il a prise,

Lyon, le 11 décembre 1877.

Signé : (Illisiblement).

Extrait des pièces annexées aux actes de mariage de la ville de Lyon (Rhône), déposées au greffe du Tribunal civil de ladite ville.

Ministère de la Guerre, 4ᵉ division, bureau de l'État civil.

PERMISSION DE MARIAGE

Le Ministre de la guerre, d'après les renseignements qui lui ont été donnés sur la famille et sur la personne de Mlle Auriol, que M. de Mortemart, lieutenant-adjudant de place à Lyon, membre de la Légion d'honneur, désire épouser, autorise ce mariage et a signé la présente permission, en exécution du décret impérial du 16 juin 1808, cette permission n'aura d'effet que pendant un an.

A Paris, le 13 février 1811,

Signé : LE DUC DE FELTRE.

Par Son Excellence, le chef de la 4ᵉ division,

Signé : (Illisible).

Pour extrait conforme,

Le greffier du Tribunal,

Signé : MATHIEU.

II

Lettres missives produites par les défendeurs.

Elles ont été adressées par le duc de Mortemart, aujourd'hui décédé, en 1824, 1832, 1834, 1840, à M. Jérôme Léonard SE DISANT baron de] Mortemart-Boisse ou de Boisse, L'UN DES DÉFENDEURS.

A Monsieur le Baron de Mortemart-Boisse,

Rue Duphot, nº 12, à Paris.

Neauphle, le 16 novembre 1824.

J'ai trouvé, Monsieur, à mon retour ici, la lettre et les demandes de M. de Rungs, que vous m'avez fait l'honneur de m'adresser.

La place que désire cet officier est très-rarement au choix, car sur quatre, deux sont données à l'ancienneté et une aux Suisses. Pour celles qui sont au choix, j'ai d'anciens engagements que souvent je ne puis remplir par les ordres qui me sont donnés par le roi ou les demandes des princes ; je ne vois donc aucune chance d'ici à bien longtemps d'être utile au désir de M. de Rungs. Je vous prie de croire que j'aurois été charmé de vous être agréable dans cette circonstance, et de recevoir, Monsieur, l'assurance de la considération distinguée de votre très-humble serviteur.

(Signé) L. Duc de MORTEMART.

A Monsieur le Baron de Mortemart-Boisse,

Rue Dufot, n° 12. — (A la Ferté-sous-Jouarre, au château des Sept-Sorts, par la Ferté-sous-Jouarre).

J'ai reçu, Monsieur, la lettre par laquelle vous me proposez de faire partie de la Société d'amélioration des laines. Cette branche des travaux agricoles m'étant tout à fait étrangère, ayant fort peu de temps à moi, et ne prévoyant pas pouvoir être utile à votre louable entreprise, dont j'ai déjà refusé de faire partie, je vous fais encore le même remerciement, en vous priant de croire au vif intérêt que je prendrai, malgré cela, aux utiles travaux de la Société.

Recevez, aussi, Monsieur, l'assurance de la considération distinguée de votre très-humble serviteur.

(Signé) : L. Duc de MORTEMART.

A Monsieur le Baron de Mortemart-Boisse,

Rue Duphot, n° 8, Paris.

Neauphle, le 18 octobre 1832.

Je suis charmé, Monsieur, que vous n'ayez pas eu besoin de suivre mon conseil, et de voir vos inquiétudes pour vos enfants terminées.

L'écrit dont vous m'entretenez est, sans doute, celui de M. Mazas, assez connu pour que certains journaux ne puissent de bonne foi me l'attribuer. Si j'avais à publier quelque chose, je le ferais sous mon nom ; mais, dépositaire du secret de quelques souverains et Etats, je ne dois compte qu'à eux, et j'attendrai que leurs organes légaux m'interpellent pour répondre ; jusque-là, toutes les perfides insinuations de la presse licencieuse n'obtiendront de moi que le silence.

Recevez, Monsieur, l'assurance de ma considération distinguée.

(Signé) **L.** Duc de MORTEMART.

Neauphle, le 29 juin 1834.

J'ai trouvé, Monsieur, à mon dernier passagé à Paris, la lettre que vous avez bien voulu y faire déposer chez moi, avec le premier volume du *Touriste*.

Pendant une indisposition rhumatismale très-pénible, dont je commence à me remettre, j'ai lu avec beaucoup d'intérêt vos souvenirs d'Autriche ; mêlés aux miens, ils m'inspiraient, comme à l'auteur, de mélancoliques réflexions sur tant de grandeur et de gloire passées. Malgré votre départ, je ne veux plus tarder à vous adresser mes remerciements, pour que vous les trouviez au moins chez vous à l'époque de votre retour.

Recevez, je vous prie, Monsieur, la nouvelle assurance de ma considératiou distinguée.

(Signé) **L.** Duc de MORTEMART.

A Monsieur le Baron de Mortemart-Boisse,

Rue J.-Goujon, 9 (Champs-Élysées).

Paris, le 10 juin 1840.

A peine remis, Monsieur, d'une opération assez grave, et n'attendant

11

que des forces pour quitter Paris, je n'aurai pas le temps dans ce moment d'apprécier l'ouvrage que vous avez bien voulu m'adresser.

Cependant, avant mon départ, je veux vous remercier de votre aimable attention, et vous prier de recevoir la nouvelle assurance de ma considération distinguée.

(Signé) L. Duc de MORTEMART.

III

Documents divers produits par les défendeurs.

Extrait des pièces annexées aux actes de mariage de la ville de Lyon (Rhône), déposées au greffe du Tribunal civil de ladite ville.

ARMÉE D'ESPAGNE (3ᵉ GOUVERNEMENT).

L'an mil huit cent onze, le dix-sept-janvier, à deux heures de relevée, par-devant nous, Clerc, sous-inspecteur aux Revues, membre de la Légion d'honneur, faisant fonctions d'inspecteur dans le 3ᵉ gouvernement, en notre bureau, chez M. le marquis de Vestailla, près la Caconaire, à Pampelune, est comparu M. Marc-Marie *de Mortemard*, chef de bataillon, commandant de la citadelle de Pampelune, veuf de Jeanne Merlet, lequel nous a déclaré donner son plein et entier consentement, conformément à l'article 73, section 2, de l'instruction de Son Excellence le ministre de la guerre, sur l'exécution des dispositions du Code civil, à l'alliance que son fils, M. Léonard de *Mortemard*, adjudant de place, membre de la Légion d'honneur, né à Versailles, âgé de vingt-cinq ans, se trouvant actuellement à Lyon, département du Rhône, désire contracter, d'après les soumissions respectueuses qu'il lui a adressées, avec mademoiselle Pauline Auriol, fille de René-François Auriol et de dame Antoinette Carlet, domiciliée audit Lyon. Le présent pour servir d'acte authentique de consentement des père et mère exigé par l'article précité, fait en notre dit domicile, les jour, mois et an que dessus, et a signé ledit comparant avec nous. Signé : Clerc. Mortemard.

Vu par l'adjoint commandant, chef de l'état-major de la Navarre. Signé : Vivianol.

Pour extrait conforme :

Le Greffier du Tribunal,

Signé : MATHIEU.

Vu par nous, juge au Tribunal civil de Lyon, M. le Président étant empêché, pour légalisation de la signature de M. Mathieu, en la qualité qu'il a prise.

Lyon, le 11 décembre 1877.

Signé *illisiblement.*

Extrait des minutes des actes de naissance reconstitués en vertu de la loi du 12 février 1872.

De Mortemart de Boisse Jean-Antoine-Aimé-Palamède.

Du premier mai mil huit cent treize, à deux heures et demie du soir.

Acte de naissance de Jean-Antoine-Aimé-Palamède, né avant-hier à quatre heures du matin, rue Saint-Honoré, n° 366, quartier de la place Vendôme, fils de M. Jérôme-François-Léonard de Mortemart de Boisse, chevalier de la Légion d'honneur, ancien officier d'état-major, et de Mme Marie-Françoise-Pauline Auriol, son épouse.

Sur la déclaration faite à nous Antoine-Charles Roze, adjoint au maire du premier arrondissement de Paris, faisant les fonctions d'officier de l'état-civil, par mondit sieur de Mortemart de Boisse, père de l'enfant, en présence de M. Louis de la Croix, auditeur au Conseil d'État et secrétaire général du ministère de l'intérieur, âgé de vingt-huit ans, rue de

Grenelle-Saint-Germain, n° 105, de M. Antoine-Dominique-David Auriol,
licencié en droit, avocat à la Cour impériale de Lyon, âgé de vingt-huit
ans, de présent logé à Paris, rue Saint-Honoré, n° 366, oncle maternel
de l'enfant, et ont, le père dudit enfant et les témoins, signé avec nous,
après lecture faite.

Signé : LACROIX, AURIOL, le chevalier de MORTEMART
de BOISSE et ROZE.

Délivré, etc.

Paris, le 11 septembre 1821.

Signé : LECORDIER.

Admis par la Commission (loi du 17 février 1872.)

Le membre de la Commission : Signé : THOMAS.

Pour expédition conforme.

Paris, le 2 juillet 1875.

A Versailles, le 10 janvier 1778.

Je n'ai pas oublié, Madame, ce que vous m'avez fait l'honneur de me
marquer en faveur de Mme de *Mortemar* et de l'intérêt que la reine a la
bonté de prendr au sorto de cette veuve. Sur le compte que j'en ai rendu
au Roi, Sa Majesté a bien voulu, Madame, accorder à Mme de *Mortemar*
une gratification annuelle de cinq cents livres sur le fond littéraire du
département des affaires étrangères, à compter du premier de ce mois.
J'ai contribué avec beaucoup de plaisir à cette grâce du Roi par l'intérêt
que vous avez bien voulu y prendre, et je n'ai pas moins de satisfaction
à vous l'annoncer. Je vous prie d'en informer Mme de *Mortemar*.

Je suis, avec respect, Madame, votre très-humble et très-obéissant
serviteur.

Signé : DE VERGENNE.

Monseigneur le comte de Vergennes.

MONSEIGNEUR

La dame de Mortemard, honorée de la protection de la Reine qui a
bien voulu agréer le petit ouvrage qu'elle lui a présenté, a l'honneur
de vous exposer ici qu'elle est chargée d'une nombreuse famille et
n'a d'autre bien que treize-cents livres qu'elle tient des bienfaits du Roi.
Son mari et son père, le comte de Marle ayant dépensé le leur à son service, une pension sur la Gazette de France, telle qu'il vous plaira, Monseigneur, de la lui accorder, l'aidera beaucoup. C'est une grâce que la
dame de Mortemard attend de la bonté de votre cœur; le sien aussi sen-
sible que reconnaissant vous chérira comme un bienfaiteur.

Certifié conforme à l'original conservé aux archives des affaires étrangères.
Le ministre plénipotentiaire directeur.

Signé : FAUGÈRE.

Paris, le 6 février 1878.

De Paris, ce 15 juillet 1780.

*Madame la duchesse de Mailly, dame d'atour de la Reine, en faveur de
madame de Mortemard qui demande un traitement sur le fond littéraire.*

J'ai l'honneur, Monsieur, de vous envoyer un mémoire en faveur de la
dame de Mortemard, à laquelle je m'intéresse; la Reine a eu la bonté de
luy accorder sa protection dans plusieurs occasions; la position malheu-
reuse où elle se trouve est faite pour inspirer le désir de la faire changer,
et si il vous est possible de luy accorder la grâce qu'elle demande,

je vous en serai véritablement obligé; je vous prie d'être persuadé de la reconnaissance que je vous aurai.

J'ai l'honneur d'être, Monsieur, votre très-humble et très-obéissante servante.

Duchesse de MAILLY.

Certifié conforme à l'original conservé aux archives des affaires étrangères.

Le ministre plénipotentiaire directeur.

Signé : FAUGÈRE.

Paris, *6 février 1878.*

---

17 janvier 1781, à Versailles.

TRAITEMENT
Sur la Caisse litté-
raire des affaires
étrangères.

—

Mᵐᵉ de Mortemar.

Le sieur Guilbert avait obtenu, en 1778, un traitement annuel de mille livres sur les fonds littéraires du Ministère des affaires étrangères; cet écrivain étant mort le 16 novembre dernier, j'ai l'honneur de proposer au Roi de vouloir bien accorder sur le traitement vacant, savoir cinq cens livres à la dame de Mortemard, veuve d'un ancien consul à Barcelone, chargée de l'éducation de cinq enfants, et au sort de laquelle la Reine a la bonté de s'intéresser.

Si le Roi a la bonté d'agréer cette proposition, je supplie Sa Majesté de vouloir bien la confirmer par sa décision.

BON.

Certifié conforme à l'original conservé aux archives des affaires étrangères.

Le ministre plénipotentiaire directeur.

Signé : FAUGÈRE.

6 février 1878.

MINISTÈRE
de la
JUSTICE

—

inet particulier

M. le baron de Mortemart, villa François Ier, n° 9 (Champs-Élysées).

Paris, le 22 mai 1829.

Monsieur le baron, parmi les nombreuses félicitations que je reçois, et dont plusieurs ne sont peut-être adressées qu'au ministre, il en est qui me sont d'autant plus agréables que je les crois plus sincères. Les vôtres sont de ce nombre, mon cher compatriote : j'y attache un grand prix, et ce sera avec plaisir que je vous en remercierai de vive voix, lorsque les nombreuses occupations dont je suis accablé me permettront de vous voir.

Recevez, Monsieur le baron, l'assurance de mon sincère attachement.

Le Garde des sceaux, ministre-secrétaire d'Etat de la justice,

Signé : BOURDEAU.

M. le baron de Mortemart.

RÉPUBLIQUE FRANÇAISE

PAR ORDRE DU MINISTRE DE LA GUERRE
LE DIRECTEUR GÉNÉRAL

Certifie que des registres matricules et documents, déposés aux archives de la guerre, a été extrait ce qui suit :

MINISTÈRE
DE LA GUERRE
—
DIRECTION GÉNÉRALE
du
CONTROLE
et de
LA COMPTABILITÉ

BUREAU DES ARCHIVES

Pour extrait
(Signé) L. Hennetz.

Vérifié :
Le sous-chef,
(Signé) A. d'Otémon.

Le chef,
(Signé) Hennet.

Délivré pour M. de Mortemart, sans aucun frais, à Me Benoist, avoué de première instance, avenue de l'Opéra, n° 4, Paris, en réponse à sa demande parvenue le 4 janvier 1878, enregistrée n° 83.

NOTA. — Tout détenteur du présent certificat est invité à le conserver entre ses mains, et à n'en produire qu'une copie certifiée, lorsqu'il aura besoin d'en faire usage.

NOM ET SIGNALEMENT du MILITAIRE	DÉTAIL DES SERVICES
DE MORTEMART (François-Gérome-Leonard) fils de Marc-Marie et de Jeanne-Françoise MERLET né le 12 janvier 1875 à Versailles (Seine-et-Oise).	Engagé volontaire à la 78e 1/2 brigade d'infanterie (devenue 2e de ligne), le.... 11 mars 1803 Caporal, le........................... 22 mars 1803 Fourrier, le........................... 19 août 1803 Sergent, le........................... 22 mars 1804 Sergent-major, le.................... 11 mai 1809 Sous-lieutenant, le.................... 25 juill. 1809 Lieutenant-adjudant de place, le........ 26 août 1809 Adjudant de place de 2e cl. au cap Corse, le. 11 sept. 1810 Retraité pour blessures, le............. 3 janv. 1812 Pension de 600 fr. **Campagnes.** A fait les campagnes de 1803 et 1804 sur mer, et de 1807-1809 à la Grande-Armée. **Blessures.** Blessé d'une balle au pied gauche sur le mont Blanc, en 1804 ; blessé d'un coup de baïonnette à la poitrine, au combat de Neumarck, en 1809. Blessé d'un coup de biscaïen et d'un coup de boulet à la cuisse gauche, à la bataille d'Essling, en 1809. **Décorations.** Membre de la Légion d'honneur, le 16 septembre 1810 ; chevalier de Saint-Louis, le 8 mars 1818.

Fait à Versailles, le 7 janvier 1878.

Pour le Directeur général,
Le Chef de service : (Signé) illisiblement.

ALMANACHS ROYAUX

1739 Page 344,
   Consul à Malaga (Espagne), de Mortemart.
1740 Page 350,
   Consul à Malaga (Espagne), Mortemart de Boisse;
1741 Page 357,
   Consuls. Espagne. Malaga.
                              Mortemart de Boisse.

1742 Page 360 ⎫
1743 Page 358 ⎬ .... Mortemart de Boisse;
1744 Page 357 ⎭
1745 Page 342.............. Mortemart.
1746 Page 344.............. *de* Mortemar*d de* Boisse.
1747 Page 361.............. de Mortemar*d*.
1748 Page 362.............. de Mortemar*d*.
1749 Page 363.............. de Mortemar*d*.
1750 Page 365.............. de Mortemar*d*.
1751 Page 329.............. de Mortemar*d*.
1752 Page 328.............. de Mortemar*d*.
1753 Page 333.............. de Mortemar*d*, à Malaga.
1754 Page 376.............. de Mortemar*d*, à Carthagène.

PIERRE DE MORTEMAR

68ᵉ ÉVÊQUE D'AUXERRE

Histoire ecclésiastique Auxerre, par l'abbé Le- uf, pupliée à Paris en 73, tome Iᵉʳ, page 441.

Le chanoine qui entreprit une notice des évêques d'Auxerre, marque que..... Pierre de Mortemar était de la province d'Aquitaine, et qu'il tirait sa naissance d'une famille médiocre; mais l'on sait d'ailleurs que son véritable nom était Pierre Gonin, qu'il latinisa en celui de Galvani; que son père était un simple habitant du village de Mortemar, en Limousin, et que ce fut par le nom du lieu de sa naissance qu'il se faisait connaître plus communément. •

12

Il vivait à la cour de Rome, lié d'amitié avec Hugues, évêque de Cahors, cardinal, dont il avait été compagnon, mais la triste fin de ce grand cardinal, que Léon XXII fit arrêter, lui ayant inspiré du dégoût pour la cour romaine, il se réfugia vers le roi de France Charles IV, qui le fit l'un de ses conseillers, et lui témoigna tant d'amitié qu'il le choisit pour être le parrain d'un de ses fils, Louis, qui mourut en enfance.

Pierre de Mortemar mourut le 14 avril 1335, et fut inhumé dans la grande église de Mortemar, appelé *Le Moustier;* on y lit sur une pierre posée contre le mur, l'épitaphe suivante :

« Hic jacêt reverendissimus in Christo Pater, et Dominus D. Petrus Galvani « profulgidus scientia, moribus et sanctitate decoratus, qui fuit episcopus « antissiodorentis et vivarientis ac S. R. E. presbiter cardinalis qui de Mortuo- « mari suam originem traxit. Obiit die veneris XIV. Aprilis. M CCC XXXV.

QUATRIEME PARTIE

Documents produits par les demandeurs, MM. de Mortemart, en réponse aux documents précédents.

§ 1ᵉʳ. — Généalogie des défendeurs, portant pour titre : « de Mortemart de Boisse » extraite du Livre d'or de la Noblesse Européenne, publié par le comte de Givodan (1852) (1).

§ 2. — Lettre et documents composant un dossier dit : Dossier de M. Borel d'Hauterive, archiviste paléographe (2).

§ 3. — Extraits d'actes de baptême, mariage et décès mis au procès par les demandeurs.

§ 4. — Tableau de la descendance de Pierre-Alexandre dit Mortemart Boisse.

1° Procès-verbal de constat dressé à la requête des demandeurs les 27 mars 1877 à Limoges et signifié le 21 avril 1877 aux défendeurs, relatif au nom de Boisse pris par les défendeurs.

2° Extraits des actes de baptême de la paroisse de Saint-Pierre à Limoges concernant des personnes du nom de Boisse.

§ 5. — Protestations parues en 1815 dans le Moniteur et le Journal des Débats.

§ 6. — Documents relatifs aux titres de comte et de baron portés par MM. Palamède et Enguerrand.

---

(1) On trouvera dans cette généalogie, qui fait descendre les défendeurs et les demandeurs d'une même souche, les actes de Limoges contre lesquels les demandeurs, MM. de Rochechouart de Mortemart, se sont inscrits en faux.

(2) Les pièces qui composent ce dossier ont été communiquées à MM de Rochechouart de Mortemart par M. Borel d'Hauterive, bibliothécaire de Sainte-Geneviève, archiviste paléographe. M. Borel d'Hauterive les tenait des défendeurs par M. J. de Gaulle, qui les lui a remis le 17 novembre 1854.

§ Ier

LIVRE D'OR DE LA NOBLESSE EUROPÉENNE

Publié par le comte de Givodan.

Chevalier et juge–d'armes généalogiste de l'ordre de Malte, en France; Chevalier de l'ordre du Christ de Portugal, de l'ordre Constantinien, de Saint-Georges de Parme, etc., etc. Directeur du Collége héraldique et archéologique de France.

CINQUIÈME REGISTRE.

DEUXIÈME SÉRIE. — REGISTRE PREMIER.

Paris.

Au Collége héraldique et archéologique de France, rue Monsigny, 6, près du passage Choiseul.

MDCCCLII.

De Mortemart de Boisse, Limousin et Normandie.

Barons de Mortemart et Mortemer, comtes de Marle et d'Autigny, barons de la Haie du Puy, Varenquebec et la Luthumière, seigneurs et barons de Couhé, seigneurs de la Forest, d'Auloup, de Saint-Martin, de Chargnac, etc.

Armes : Écartelé, au 1, fascé d'or et d'azur de six pièces, au chef tiercé en pal, au 1, tranché d'or et d'azur, au 2, d'azur, au pal d'or, au 3, taillé d'or et d'azur, à l'écu d'argent sur le tout, tenant au chef, qui est de Mortemart; au 2, fascé d'or et de sinople de six pièces, à vingt-quatre fleurs de lis rangées de l'un en l'autre, qui est de Mortemer; au 3, fascé d'argent et de gueule de six pièces, les fasces d'argent chargées chacune de trois mouchetures d'hermine de sable, qui est de Boisse; au 4, d'argent, à un chevron d'azur accompagné de trois aigles de gueules, posées deux en chef et une en pointe, qui est de Marle. Couronne : de Marquis. — Supports : Deux chevaliers bannerets. Devise : A ton Cheval, noble Duc! Légende : *Drutus a Mortuo mari.*

Famille illustre et d'ancienne Chevalerie, la famille de Mortemart eut, dans le principe, un nom barbare comme la plupart des maisons dont l'origine remonte à la race conquérante. Celui du premier seigneur de Mortemart était Dricht ou Dreicht, que la latinité du temps traduisit par Drutus. Ce nom n'était même, à ce qu'il paraît, qu'un surnom donné à l'un des guerriers saxons qui accompagnèrent les hommes du Nord lors de la grande invasion franque dans la Gaule. Besly, dans son *Histoire des Comtes de Poitou et Ducs de Guyenne*, donne la signification de ce surnom. Selon ses propres expressions, « Drutus vaut autant en langage Thiois que fidelle amy et loyal, comme on void aux capitulaires de Crecy de l'an 818. » Les étymologistes du vieux temps, qui voulaient tout approfondir, remontèrent jusqu'à la langue des héros d'Homère, et voulurent voir dans le surnom de Δρυς (chêne) donné à l'un des vainqueurs de Troie l'étymologie grecque du nom primitif des Mortemart. Mais laissons de côté les temps héroïques ou fabuleux, et arrivons à l'histoire.

Elle nous apprend que le premier seigneur de Mortemart fut Abbon Drutus, qui naquit vers 920. Il était frère d'Herfast, qui lui-même était beau-frère de Richard Ier, duc de Normandie. Si l'on en croit quelques historiens, Abbon Drutus aurait eu pour quatrième aïeul un autre Abbon venu de Danemark, et qui, en 778, fut créé comte de Poitiers par Charlemagne. Quoi qu'il en soit, toutes les chroniques limousines et tous les historiens s'accordent à reconnaître Abbon Drutus comme le fondateur de la maison de Mortemart. Ce fut lui qui, en 997, défendit si vaillamment Bellac et résista aux forces réunies du duc d'Aquitaine, du roi Robert et de toute la France guerrière, suivant l'expression d'Adhémar de Chabannais.

On trouve, à ce sujet, dans un manuscrit de 1538, conservé à la bibliothèque de Limoges, et dans quelques chroniques antérieures à cette époque, de curieux détails sur l'origine des armes de Mortemart. On y raconte que le duc d'Aquitaine ayant mis le siège devant Bellac, en faisait un jour le tour pour s'assurer du lieu le plus favorable à l'assaut, lorsque Drutus l'aperçut du haut des remparts. Il prit alors un pal à fer aigu, son arme favorite, et s'écria : « A ton cheval, noble Duc! » Au même instant, le pal vola dans les airs et vint frapper au front le cheval du duc d'Aquitaine. Le chroniqueur ajoute qu'à l'instar de ce héros de l'antiquité qui avait écrit sur son javelot ; « A l'œil droit de Philippe, » Drutus avait écrit sur le sien : « *Drutus a Mortuo mari*. »

Telle serait l'origine du pal qui surmonte les armes des Mortemart et de la légende qui les accompagne.

Après la levée du siège, Drutus fit construire le château de Mortemart (*Castrum a Mortuo mari*) dans le lieu dont il était seigneur. Ce nom de Mortemart (*Mortuum mare*), comme celui de Drutus a été l'objet de longues dissertations de la part des étymologistes, qui sont remontés jusqu'à Strabon et Sénèque pour conclure que Mortemart était synonyme de bonheur. En effet, Strabon, en parlant de la Mer-Morte, sur laquelle tous les corps se soutiennent et surnagent, dit que ce mot est devenu l'emblême du bonheur et du succès; et Sénèque ajoute, Epist. 68 : « *Hinc mortuum mare, vita sine infortunio*. »

Le nom de Mortemart a été orthographié de quatre manières différentes depuis son origine jusqu'au milieu du xvııᵉ siècle. On le trouve écrit tantôt Mortemar, tantôt Morthomar, et enfin Mortemart. Cette dernière orthographe ayant prévalu depuis environ deux cents ans, c'est celle que nous adoptons pour toutes les époques. Il est évident, du reste, que le nom originaire doit avoir été Mortemer (*Mortuum mare*) dont l'euphonie limousine a fait Mortemar, et dont la prononciation anglaise a fait Mortimer.

Suivant les auteurs que nous avons cités plus haut, Drutus laissa deux fils, Pierre, abbé, et Humbert de Mortemart ou de Mortemer, qui gouvernèrent la Marche pendant la minorité de Bernard, fils d'Adelbert. Le chroniqueur Adhémar de Chabannais raconte que Pierre, étant resté seul chargé de ce gouvernement, se livra à la fougue de son caractère et finit par mettre le feu à son propre château de Mortemart; si bien que le comte de la Marche le dépouilla de sa dignité de marquis et de son autorité. Cependant Pierre, après avoir fait un voyage à Jérusalem, rentra en grâce et recouvra tous ses honneurs.

Humbert de Mortemart ou de Mortemer épousa N. de Waren ou Garen, nièce de Richard, duc de Normandie. Un mémoire généalogique lui donne deux fils :

1° Enguerrand de Mortemart ou de Mortemer qui continua la branche limousine;

2° Roger de Mortemart ou de Mortemer, qui fonda la branche normande.

La postérité d'Enguerrand n'était plus représentée au treizième siècle, dans la branche aînée, que par Guillaume, chevalier et baron de Mortemart. Il n'eut qu'une fille nommée Alix, qui épousa, en 1205, Aimery VII, vicomte de Rochechouart, auquel elle apporta la seigneurie de Mortemart. C'est à partir de cette époque que les vicomtes de Rochechouart devinrent seigneurs de Mortemart; mais, comme il existait des héritiers mâles du nom et des armes de Mortemart dans les branches cadettes issues d'Enguerrand et de Roger, les seigneurs de Rochechouart conservèrent leurs armes et ne prirent pas celles de la maison de Mortemart.

Ces branches cadettes étaient représentées aux croisades par :

Barthélemy de Mortemart ;

Servain de Mortemer ;

Jehan de Mortemer ;

Raoul de Mortemart ;

Guillaume de Mortemart.

Barthélemy de Mortemart est placé par l'historien Vinisauf au premier rang, parmi ces dix héros de Jaffa qui se battirent tout un jour contre 9,000 turcs, qu'ils mirent en déroute.

Indépendamment des branches cadettes, qui s'étaient perpétuées en Limousin, le rameau détaché, dès le onzième siècle, de la souche principale, et qui florissait en Normandie, parvenait à un tel degré d'élévation et de puissance, qu'il arrivait jusqu'à la couronne d'Angleterre.

Nous avons dit que Roger de Mortemart était le fondateur de la branche normande. Il commandait, en 1054, la milice de Guillaume, duc de Normandie, dont il était parent et qu'il accompagna à la conquête de l'Angleterre. L'histoire nous apprend que ce Roger de Mortemart conquit sur Edric Silvaric, prince saxon, la province de Radnor au pays de Galles. Il la laissa par testament à un de ses fils qui se fixa en Angleterre et y fonda cette puissante maison de Mortimer, dont un rejeton Edmond de Mortimer, s'allia, en 1362, à la maison royale d'Angleterre.

La célébrité que la guerre des deux roses a donnée aux maisons d'Yorck et de Lancastre, nous permet de retracer ici les droits que la maison de Mortimer représentée par la rose blanche, avait à la couronne d'Angleterre.

Edmond de Mortimer, descendant en ligne directe de Roger de Mortemart, comme nous l'avons vu plus haut, avait épousé, en 1362, la fille et la seule héritière du duc de Clarence, fils d'Édouard III. De ce mariage naquit Roger de Mortimer, qui hérita des droits de sa mère au trône, et fut déclaré, par un acte du parlement anglais, héritier présomptif de la couronne. Les fils de Roger de Mortimer moururent sans postérité. Ce fut donc à Anne de Mortimer, sa fille, que revinrent les droits à la couronne ; elle les transmit au duc d'Yon, son mari.

Telle fut l'origine des droits de la maison d'Yorck au trône d'Angleterre ; cependant la maison de Lancastre, représentée par la rose rouge, le lui disputa pendant près de deux siècles sur vingt champs de bataille !

13

Il fallait une alliance de famille pour mettre fin à des guerres interminables. L'héritier de la maison de Lancastre, ayant épousé l'héritière de la maison d'Yorck, régna sans opposition sous le nom de Henri VII, et fut le père du fameux Henri VIII.

C'est en ce sens que l'on peut justifier l'assertion des chronologistes ou historiens qui prétendent que le sang des Mortemart a régné sur l'Angleterre.

Tandis que la maison de Mortemart brillait d'un tel éclat en Angleterre, la branche normande, continuée par le frère de Roger, et la branche limousine, issue d'Enguerrand, étaient représentées à la bataille de Bouvine, et sur les rôles des chevaliers bannerets par :

Jean de Mortemer.

Guilaume de Mortemer (vavasseur).

Guy de Mortemart (chevalier banneret).

Raoul de Mortemart.

Des deux premiers sont sorties plusieurs branches telles que les barons de la Haye–du–Puy, Varenquebec et la Luthumière, les sires de Couhé et les connétables héréditaires de Normandie.

Les barons de la Haye–du–Puy étaient représentés au quatorzième siècle par :

Jean II, Baron de Mortemer et de la Haye–du–Puy, qui fut fait prisonnier à la bataille de Poitiers, après avoir contribué à sauver la vie au roi Jean. Il en reçut, en récompense, le droit de porter des fleurs de lis dans ses armes, mais il fut obligé, pour payer sa rançon, de vendre, en 1356, sa baronnie de la Haye–du–Puy.

Les sires de Couhé étaient représentés en 1430, par :

Jean de Mortemer, sire et baron de Couhé, marié à Philippine de Larochefoucault ;

En 1505, par Jacques de Mortemer, seigneur de Couhé, marié à Marguerite de Talleyrand, fille de Jean de Grignols, prince de Chalais ;

En 1534, Jacquette de Mortemer, mariée à Louis de Larochefoucauld, chevalier, seigneur de Montendre ;

De Guy et de Raoul de Mortemart, sont sorties plusieurs branches, dont étaient les sénéchaux du haut et bas Limousin, les sénéchaux et capitaines du Périgord, du Rouergue et du Quercy, et les seigneurs de Laforest, d'Auloup, de Saint-Martin, de Chargnac, etc., dont la postérité s'est perpétuée jusqu'à nos jours.

Ces différentes branches étaient représentées :

En 1337, par Guy, sire de Mortemart, sénéchal et capitaine du Périgord et du Quercy, marié à Jeanne de Magnac, et inhumé dans l'église de Poitiers ;

En 1379, par Guillaume de Mortemart, qui faisait partie de la montre de neuf chevaliers baronnets, passée à Cognac, par Louis de Sancerre, maréchal de France. Il épousa l'héritière de la maison d'Oiron ;

En 1402, par Anne de Mortemart, mariée à Aimé de la Trémoille, chevalier, seigneur de Fontmorand, auquel elle apporta, comme héritière de la maison d'Oiron, ses droits à la possession des îles Canaries ;

En 1405, par Henri de Mortemart, chevalier, seigneur de Laforest, marié à la dame de Saint-Martin.

Par un acte du 29 juin 1390, Henri de Mortemart fit un échange avec Geoffroy de Mortemer, seigneur de Peyrac et de Couhé, son cousin, pour une partie de la forêt de Saint-Martin. Ce document prouve surabondamment l'identité des deux noms de Mortemart et de Mortemer, et la communauté d'origine des diverses branches de cette famille.

Nous ne suivrons pas la filiation de ces différents rameaux, dont la plupart se sont fondus en différentes maisons ; nous retracerons seulement, à partir du quinzième degré, la filiation des seigneurs de Laforest qui font l'objet de cette notice.

XV. — Pierre de Mortemart, chevalier, seigneur de Laforest, d'Auloup, de Saint-Martin, de Chargnac et autres lieux, né en 1520, mourut le 2 août 1605. Il fut inhumé dans l'église de Saint-Maurice de Limoges. sous un mausolé élevé de son vivant par les soins du chapitre. Ce droit lui appartenait, dit l'acte de décès, parce qu'il était le plus illustre seigneur de la communauté de Bénévent, que ses ancêtres avaient dotée de biens immenses. Il avait épousé sa cousine Jeanne de Mortemer.

De ce mariage est issu :

XVI. — Bernard de Mortemart, chevalier, seigneur de Laforest, etc., né le 6 mars 1545. Il mena cinquante hommes d'armes au siége d'Anvers sous la conduite du duc d'Anjou, et prit part à presque toutes les guerres de son temps contre les Huguenots. Il mourut le 19 avril 1625, et fut inhumé dans l'église de Saint-Maurice de Limoges au même titre que son père. Il avait épousé Corisande de Noaillé.

De ce mariage est issu :

XVII. — Jean de Mortemart, chevalier, seigneur de Laforest, né en 1570. — A l'assaut de la Rochelle, il reçut un coup de mousquet au visage, et mourut le 16 juin 1635. Il avait épousé Léonarde de Marsac.

De ce mariage sont issus :

1° Alix de Mortemart, morte jeune ;

2° Enguerrand de Mortemart, mort sans postérité ;

3° Henri, qui suit.

VXIII. — Henri de Mortemart, chevalier, seigneur de Laforest, etc., né le 14 décembre 1612. Il assista à la prise de Lens et de la Bassée, et accompagna le maréchal de la Meilleraie dans la campagne d'Espagne. Il fit élever dans l'église de Saint-Martial, de Limoges, un mausolée sur lequel furent placées les statues de Pierre de Mortemart et de Jeanne de Mortemer, qui furent enlevées de l'église de Saint-Maurice, où elles étaient auparavant. L'église de Saint-Martial devint, depuis cette époque, le nouveau lieu de sépulture de cette famille. Il mourut le 17 avril 1674. Il avait épousé Diane de Reilhac.

De ce mariage est issu :

XIX. — Jean-Henri de Mortemart, chevalier, seigneur de Laforest, etc., né le 6 mai 1640, mort le 29 janvier 1703. Il fut inhumé dans l'église de Saint-Martial. Il avait épousé Anne de Boisse, héritière d'une branche de la maison de Boisse, l'une des plus anciennes du Limousin, et dont le chef, André de Boisse, partit comme chevalier croisé pour la Terre-Sainte (Salle des Croisades, musée de Versailles).

De ce mariage sont issus :

1° Léonarde de Mortemart, mariée à Charles vicomte de Longuerue ;

2° Pierre-Alexandre, qui suit :

XX. — Pierre-Alexandre de Mortemart de Boisse, chevalier, seigneur de Laforest, etc., né le 9 juin 1690, est mort le 26 octobre 1777.

Alexandre de Mortemart est le premier de cette maison qui ait joint à son nom celui de sa mère. Ce fut lui qui, chargé d'une mission en Espagne, où il avait résidé longtemps comme consul général, sauva en 1747, au péril de sa vie, l'escadre française mouillée à trois lieues de Malaga. Un rapport secret lui avait appris que la flotte anglaise, forte de vingt-neuf vaisseaux de guerre, espérait surprendre la flotte française, très-inférieure en nombre, et l'attaquer au détroit de Gibraltar. Il partit aussitôt par une nuit de tempête, qui favorisa son hardi dessein, dans un canot dont les rameurs avaient été payés par lui en vue du sacrifice de leur vie, traversa la croisière anglaise et parvint jusqu'au chevalier de Poisin, qu'il avertit du danger qui le menaçait. Ce chef d'escadre ne perdit pas un moment, changea de route, gagna Carthagène, et la flotte fut sauvée.

Alexandre de Mortemart fut marié deux fois :

1° A Louise-Philippine de Marle, fille et unique héritière de Charlès Palamède, comte de Marle et d'Autigny, commandant l'escadrille des galères du Roi dans la Méditerranée, et gouverneur de Tretz. Elle était filleule de Philippe d'Orléans, général des galères de France.

2° A Yolande Poncet de la Rivière, de laquelle il eut un fils dont la postérité s'est perpétuée en] Espagne sous le nom de Mortemard y Mortemer : le représentant actuel de cette branche est colonel de cavalerie au service de la Reine,

Du premier mariage de Pierre-Alexandre avec Louise de Marle est issu :

XXI. — Marc-Marie de Mortemart de Boisse, baron de Mortemart né le 6 juin 1756. Il commença sa carrière militaire comme capitaine au régiment de Bourbon, et se distingua au camp de Maulde par une action d'éclat. Retenu à l'ambulance de Mortagne par une large blessure à la poitrine, il apprend tout à coup que son régiment se met en marche. Il monte aussitôt à cheval, En vain lui représente-t-on qu'il est trop faible pour se battre : « L'honneur m'appelle, dit-il ; je me sens assez de force pour battre l'ennemi. » Il se mit à la tête de sa compagnie et fond sur les Autrichiens, qui sont mis en déroute. Arrêté pendant la Terreur au moment où il émigrait, et jeté dans les prisons d'Arras par ordre de Joseph Lebon, il ne dut son salut qu'à la mort de Robespierre. Il fut chevalier de Saint-Louis et de la Légion-d'honneur, et mourut colonel. Il laissa de sa première femme, Jeanne-Françoise de Merlet, un fils unique, chef actuel de la maison, lequel suit :

XXII. — François-Gérome-Léonard de Mortemart de Boisse, baron de Mortemart, chambellan de Son Altesse impériale et royale l'archiduc d'Autriche, grand-duc de Toscane, et de Son Altesse royale l'infant d'Espagne, duc de Parme, chevalier de la Légion-d'Honneur (bataille d'Esling, 1809), chevalier de Saint-Louis et de Saint-Michel, commandeur de l'ordre de Saint-Grégoire-le-Grand, chevalier de l'ordre de

Saint-Maurice et de Saint-Lazare de Sardaigne, du Lion néerlandais de Hollande, de Gustave Wasa de Suède, du Saint-Sépulcre de Jérusalem, de Zoeringhen de Bade, de Saint-Georges, du Mérite militaire de Lucques, etc., membre de plusieurs académies nationales étrangères.

Le baron de Mortemart embrassa fort jeune la carrière militaire, et entra comme cadet dans le régiment de Bourbon, compagnie de Mortemart (celle de son père). Incarcéré à Arras pendant la Terreur, dans la prison des Orphelines, il en sortit avec son père à la mort de Robespierre, et continua la carrière des armes; mais blessé grièvement aux affaires de Neumark et d'Essling, où deux actions d'éclat lui valurent la croix d'honneur sur le champ de bataille, il fut forcé de quitter le service. Il s'est distingué depuis par de nombreux travaux scientifiques et littéraires. Il a épousé Marie-Françoise-Pauline d'Auriol, dame d'honneur de Son Altesse impériale et royale Mme la grande-duchesse de Toscane et de Son Altesse royale Mme la duchesse-douairière de Parme.

De ce mariage sont nés :

1° Marc-Antoine-Gustave-Enguerrand de Mortemart de Boisse ;

2° Jean-Antoine-Aimé Palamède de Mortemart de Boisse ;

3° Antoinette-Rénée-Pauline-Léonie de Mortemart de Boisse.

§ II

DOSSIER DE M. BOREL D'HAUTERIVE

DIRECTION

RUE MONSIGNY, N° 6

Près du passage Choiseul,
à Paris.

PUBLICATION
DU
LIVRE D'OR
DE LA
NOBLESSE EUROPÉENNE
et de
L'HISTOIRE DE LA NOBLESSE.

Le 5e volume du Livre d'Or est en vente. On souscrit au 6e volume et à l'*Histoire de la Noblesse* en cours de publication.

Les lettres et paquets doivent être affranchis.

A M. le comte de Givodan, chevalier et juge d'armes généalogiste, de l'ordre de Saint-Jean-de-Jérusalem (Malte), pour la France et la Belgique, Directeur général.

Les bureaux sont ouverts de une heure à cinq heures.

COLLÉGE HÉRALDIQUE
ET
ARCHÉOLOGIQUE DE FRANCE

Paris, le 17 novembre 1854.

Mon cher Monsieur,

M. le baron de Mortemart vient de m'apporter les titres de sa famille dont vous avez désiré avoir communication. Tous ces titres sont en original, et les copies ci-jointes ont été collationnées par moi sur chaque pièce. Je m'empresse de vous les adresser pour que vous puissiez en faire la base de votre travail. J'espère qu'elles arriveront à temps, et je vous serai personnellement obligé de vouloir bien vous occuper sans retard de cette affaire.

Agréez, je vous prie, cher Monsieur, l'assurance de mes sentiments les plus dévoués.

(Signé) J. DE GAULLE.

Ci-joints les cinq extraits communiqués à M. Borel d'Hauterive, à l'appui de la lettre ci-dessus.

Extrait du registre des actes de l'état civil de la commune de Limoges (Haute-Vienne). *Paroisse de Saint-Pierre-du-Queyroix.*

1690.

Le neuvième juin de l'an mil six cent nonante, j'ai baptisé un garçon, né le jour même, qui a eu nom Pierre Alexandre, fils de messire H. Jean de Mortemart *faux*

et d'Anne de Boisse, sa femme; le parrain vénérable Pierre Dutrex, vicaire de Saint-Martial; la marraine, dame Magdelaine de Bonnac, lesquels ont signé avec moy.

Signé au registre : M. de Bonnac, Dutrex, prêtre, parrain, et J. Choury, vicaire.

————————

Extrait du registre des actes de naissance de la paroisse Saint-Sulpice (ville de Paris). *Année mil sept cent cinquante-six.*

1756.

Le huit juin mil sept cent cinquante-six, a été baptisé Marc-Marie, né avant-hier, fils de messire Pierre-Alexandre de Mortemart de Boisse, ancien consul de France en Espagne, et de dame Jeanne-Louise de Marle de Couci, son épouse, demeurant rue Sainte-Marguerite.

Le parrain messire Marc-Antoine de Mortemart de Boisse, ancien mousque-taire du Roi de la première compagnie, frère de l'enfant; la marraine, Marie-Catherine Magnet, femme de Bernard de Lancellot.

Signé : P. A. de Mortemart de Boisse, Mortemart, Magnet, de Galle, vicaire.

Pour copie conforme à l'extrait dûment certifié et légalisé par le préfet de la Seine et le garde des archives, le 24 décembre 1831.

Collationné et certifié conforme par moi, soussigné, archiviste paléographe,

Signé : A. Borel d'Hauterive.

Mortemard est très-bien écrit au Palais de Justice.

Au greffe du 'tri-nal, il y a bien rit lisiblement rtemard par un et ici l'acte de ôtel de ville pa-t surchargé.

A. B. d'H.

Le mot Morte-art paraît sur-argé et avoir été bord Mortemard Mortemarre, à la le; vérifier le dou-au palais de jus-e.

————————

Extrait du registre des baptêmes de la paroisse royale de Saint-Louis de Versailles (Seine-et-Oise).

1785.

L'an mil sept cent quatre-vingt-cinq, le treize janvier, François-Jérome

14

Léonard, né hier, fils légitime de messire Marc-Marie de Mortemart de Boisse, garde du corps de monseigneur le comte d'Artois, et de dame Françoise Merlet, a été baptisé par nous, soussigné, prêtre de la mission, faisant les fonctions curiales. Le parrain, messire Marie Léonard, chevalier de Longuerue, écuyer, garde du corps de monseigneur le comte d'Artois; la marraine, Jeanne-Madeleine Brillaude, demoiselle, lesquels et le père ont signé avec nous.

Signé : De Mortemart, le chevalier de Longuerue, Briand et de Nervaux, prêtre.

Extrait du registre des actes civils de la ville et commune de Limoges (Haute-Vienne). *Paroisse de Saint Pierre, année mil six cent cinquante-trois.*

1653.

Le troisième septembre, a été baptisée Anne de Boisse, fille de messire Eymeri de Boisse; sa mère, Narde Cibot; son parrain, Jean de Boisse; sa marraine, Anne de Lafarge.

Ainsi signé au registre : GADAULT.

Extrait du registre des actes civils de la ville et commune de Limoges(Haute-Vienne) *Paroisse de Saint-Pierre, année mil six cent soixante-treize.*

1673.

Le huitième juin mil six cent soixante-treize, après une publication faite dans cette paroisse vu la dispense des deux autres, l'insinuation et le controlle ecclésiastique; vu aussi la permission de messire Henry de Mortemart, chevalier, baron, de Mortemer, seigneur de Laforest, et de dame de Reilhac, à leur fils Jehan Henry de se marier; du second jour de ce mois de juin, j'ay marié par paroles de présent, messire Jehan-Henry de Mortemart, fils de noble Henry de Mortemart et de dame de Reilhac, résidant en cette ville, d'une part; et dame Anne de Boisse, fille héritière de feu Aim J. de Boisse et de dame Léonarde de Cibot.

Le tout en présence des père et mère des époux et autres témoins, savoir MM. L. de Chassagnac, prêtre ; s' noble de Marsac, J. de Mongrand et L. Martin, vicaire. Signés au registre : Mortemart, dame de Reilhac, L. de Boisse, L. de Chassagnac, Marsac et L. Martin (1).

§ III

EXTRAITS D'ACTES DE L'ÉTAT CIVIL PRODUITS PAR LES DEMANDEURS

Extrait des pièces annexées aux mariages de la ville de Versailles, paroisse Saint-Louis, déposées au greffe du Tribunal civil de ladite ville de Versailles pour l'année 1779. (Traduit de l'espagnol).

Je soussigné Isidro Vidal, prêtre recteur de la paroisse de Saint-Jean de la ville et évêché de Leryda, principauté de Catalogne, certifie que dans un des registres des actes de décès de ladite paroisse, se trouve un acte dont le texte contient en espagnol (dialecte catalan) ce qui suit :

« Le vingt-sixième jour du mois d'octobre de l'année mil sept cent soixante-dix-sept, est mort d'infirmité dans la maison d'Antonio Pocurall, sise sur la place Saint-Jean, en la ville et évêché de Leryda, M. Pierre Mortemard, âgé d'environ quatre-vingts ans, natif de la ville de Limoges, province du Limousin, demeurant en ladite paroisse de Saint-Jean, mari de Mme Luissa de Marle de Couci, fils légitime de M' Mortemard et de madame de Boisse. Le jour de son décès, il a reçu le sacrement de pénitence et le très-saint viatique, de moi, Isidro Vidal, recteur de ladite paroisse de Saint-Jean. Il n'a pas pu recevoir l'extrême-onction, étant survenu un accident qui n'a pas donné le temps de la lui administrer Le vingt-sept dudit mois le service mortuaire a été fait par le recteur et la confrérie de la paroisse de Saint-Jean. Il a été inhumé dans l'église de Saint-Jean, dans un tombeau situé à gauche à l'entrée de la chapelle du Saint-Christ. Son âme repose en paix ! *Amen.* Il n'avait pas fait de testament. Isidro Vidal, curé de la paroisse de Saint-Jean, afin que cela soit constaté par-

---

(1) Cet acte de mariage *n'existe pas* sur les registres de l'État civil de Limoges, ainsi qu'il est établi par le procès-verbal dressé le 28 mars 1877.

tout où il sera nécessaire, je délivre le présent certificat fait et signé de ma propre main, en ladite ville de Leryda le 26 avril 1778, et j'appose mon seing accoutumé.

Isèdro VIDAL, prêtre.

Recteur de Saint-Jean de Leryda. »

Pour extrait conforme délivré par nous greffier, soussigné.

Versailles, le 21 mars 1877.

(L. S.)   TEXIER.

Vu par nous, président du Tribunal de première instance de Versailles, pour légalisation de la signature de M. Texier, commis greffier, apposée ci-contre.

Versailles, le 21 mars 1877,

(L. S.)   Signé : DEVEAUD.

Je soussigné A. Berthoud, traducteur assermenté près le Tribunal eivil de première instanc de la Seine, certifie que la traduction qui précède est conforme au texte espanol que j'ai signé *ne varietur.*

Paris, le 19 avril 1877.

A. BERTHOU,

20, rue Neuve-des-Capucines.

Vu par nous, maire du deuxième arrondissement, pour légalisation de la signature A. BERTHOU.

Paris, le 19 avril 1877.

Signé : *Illisible.*

PRÉFECTURE DU DÉPARTEMENT DE LA SEINE

Ville de Paris

PAROISSE SAINT-SULPICE

———

Extrait du registre des actes de naissance de l'an 1756.

L'an mil sept cent cinquante-six, le huit juin a été baptisé Marc Marie, né avant-hier, fils de messire Pierre-Alexandre Mortemard de Boisse, ancien consul de France en Espagne, et de dame Jeanne-Louise-Philippe de Marle de Couci son épouse, demeurant rue Sainte-Marguerite. Le parrain, messire Marc-Antoine Mortemard de Boisse, ancien mousquetaire du roi, de la première compagnie, frère de l'enfant; la marraine, Marie-Catherine Magnet, femme de Bernard-Audet Lancellot, chirurgien; le père présent, tous ont signé: P. A. Mortemart de Boisse, Mortemart, Magnet, De Gallet. Vu approuvé les mots Mortemart surcnargés.

Pour extrait conforme, le 1ᵉʳ février 1822,

Le maître des requêtes,

Secrétaire général,

Signé : *Illisible.*

Collationné, le garde des archives,

Signé : *Illisible.*

———

Mortemart
de
Boisse.

N° 1.

État civil.

PRÉFECTURE DU DÉPARTEMENT DE LA SEINE

Ville de Paris

PAROISSE SAINT-SULPICE

Extrait du registre des actes de naissance de l'an 1756.

Le huit juin mil sept cent cinquante-six a été baptisé, Marc-Marie, né avant-hier, fils de messire Pierre-Alexandre Mortemard de Boisse, ancien consul de France en Espagne, et de dame Jeanne-Louise-Philippine de Marle de Couci, son épouse, demeurant rue Sainte-Marguerite ; le parrain, messire Marc-Antoine Mortemard de Boisse, ancien mousquetaire du roi, de la première compagnie, frère de l'enfant; la marraine, Marie-Catherine Magnet, femme de Bernard Audit Lancellot, chirurgien ; tous ont signé ; le père présent. Signé : P. A. Mortemart, De Boisse, Mortemart, Magnet et Degallet notaire.

Pour extrait conforme, le 9 mars 1822.

Le maître des requêtes,
Secrétaire général,

Signé : *Illisible.*

Collationné, le gardes des archives,

Signé : *Illisible.*

Extrait des pièces annexées aux mariages de la ville de Versailles, paroisse Saint-Louis, déposées au greffe dudit Tribunal civil de Versailles pour l'année 1779.

Extrait des registres des baptêmes de l'église paroissiale de Saint-Sulpice de Paris.

Le 8 du mois de juin de l'année 1756 a été baptisé Marc-Marie, né avant-hier, fils de messire Pierre-Alexandre Mortemard de Boisse, ancien consul de France en Espagne, et de dame Jeanne-Louise-Philippine de Marle de Couci, son épouse, demeurant rue Sainte-Marguerite ; le parrain, Mʳᵉ Marc-Antoine Mortemard de Boisse, ancien mousquetaire du roi de la première compagnie, frère de l'enfant ; la marraine, Marie-Catherine Magont, femme de Bernard Audit-Lancellot, chirurgien ; le père présent, tous ont signé.

Collationné à l'original par moi soussigné, prêtre et vicaire de ladite paroisse, à Paris, ce 15 du mois de juin de l'année 1779.

Constantin D'AGNAN.

Pour extrait conforme délivré par nous greffier soussigné.

A Versailles le 21 mars 1877.

Signé : TEXIER.

Extrait des pièces annexées aux mariages de la ville de Versailles, paroisse Saint-Louis, déposées au greffe du Tribanal civil de Versailles pour l'année 1779.

« Christoforum de Beaumont miseratione divina et sancta sedis apostolica
« gratia Parisiensis Archiepiscopus dux Sancti Clodoaldi, par Franciœ, regis
» ordinis Sanéti Spiritus commendator, Sorbonæ provisor, et cætera. Dilecto
« nostro pastori seu vicario parochialis ecclesiæ Sancti Ludovici Versaliensis
« nostri diocesis salutem, et benedictionem. Si vobis coustiterit Marcum Ma-
« riam Mortemard de Boisse, filium defuncti Petri Alexandri et Joanne Ludovi-
« cæ Philippæ de Marle de Coucy parochianum vestrum ; ac Joannam
« Ludovicam Merlet filiam Roberti et Mariæ Annæ Girard de jure et parochia

« B⁸ Mᵉ Versaliensis de facto autor et vestra etc. sub signo vicarii nostri
« generali sigillo cameræ nostræ, ac secretarii archiepiscopatus nostri subscrip-
« tione anno domini milleso septengentesimo septuagesimo nono die vero
« mensis junii vigesima prima ; et cætera. »

Le CORGNE de LAUNAY.

Vic. gén.

De mandato illustrissimi et reverendissimi D. D. mei archiepiscopi Parisiensis.

DROUARD.

Pro. secr.

Pour extrait conforme délivré par nous greffier, soussigné.

A Versailles le 21 mars 1877.

Signé : TEXIER.

---

*Extrait des pièces annexées aux mariages de la ville de Versailles, paroisse Saint-
Louis, déposées au greffe dudit Tribunal civil de Versailles pour l'année* 1779.

Promesse de mariage entre Mʳᵉ Marc-Marie Mortemard de Boisse, officier
réformé du corps royal des pionniers, fils mineur de défunt Mʳᵉ Pierre-
Alexandre de Mortemard de Boisse, ancien consul de France en Espagne, et
de dame Jeanne-Louise-Philippine de Marle de Coucy, de fait et de droit de
la paroisse de Saint-Louis de cette ville, rue Royale, pavillon Bony d'une part ;
et-demoiselle Jeanne-Louise Merlet, fille mineure du sieur Robert Merlet,
bourgeois de cette ville, et de Marie-Anne Girard, de fait de ladite paroises
Saint-Louis, et de droit de cette paroisse, avenue de Saint-Cloud, pavillon Lerot
d'autre part.

« Ego infra scriptus sacerdos congregationis Missionis domus Versaliensis,
« nec non ecclesiæ parochialis Beatæ Mariæ ejusdem civitatis Regiæ matrimo-
« niis præpositus fidem facio in dicta nostra parochiali ecclesia supra scriptum
« futuri matrimoni banum intra missarum solemnia nemine reclamante aut
« impediente fuisse denunciatum mensis junii anni decarrentes die vigesima,

« Datum Versaliis anno Domini millesimo septingentesimo nono die vero
« mensis supro dicti vigesima prima. »

COLLIGNON.

Pour extrait conforme délivré par nous greffier soussigné.

A Versailles le 21 mars 1877.

Signé : TEXIER.

---

2 juin 1877.   *Extrait du registre des actes de mariage de la paroisse de Saint-Louis de Versailles,*
déposé au greffe du Tribunal civil de la ville pour l'année 1779.

Mariage.

**Mortemard
de
Boisse
et
Merlet
(Jeanne-Louise).**

L'an mil sept cent soixante-dix-neuf, le vingt-deux juin, après la publication
d'un seul banc, faite sans opposition en cette paroisse le vingt de ce mois, et
en celle de Notre-Dame de cette ville, comme il paraît par le certificat de
M. Collignon, prêtre de la mission, chargé des mariages de ladite paroisse en
date d'hier, vn la dispense des autres bans ensemble la permission d'être fiancé
et marié le même jour, accordée par Monseigneur l'archevêque de Paris,
signée Le Corgne de Launay, vicaire général, et plus bas Drouard pro. secr.,
en date d'hier et insinuée le même jour, nous soussigné, prêtre de la mission
faisant les fonctions curiales, avons fiancé et uni en légitime mariage de leur
mutuel consentement et de celui de leurs parents, Marc-Marie Mortemard de
Boisse, officier réformé du corps royal des pionniers, âgé de vingt-trois ans,
né à Saint-Sulpice à Paris, fils de défunt Pierre-Alexandre Mortemard de Boisse,
ancien consul de France en Espagne, et de Jeanne-Louise-Philippine de Marle
de Coucy, de fait et de droit de cette paroisse, rue Royale, pavillon Bonus,
d'une part, et Jeanne-Louise Merlet âgée de vingt-trois ans et trois mois, née à
Notre-Dame de cette ville, fille de Robert Merlet, bourgeois, et de Marie-Anne
Girard, de fait de cette paroisse et de droit de celle de Notre-Dame, avenue de
Saint-Cloud, d'autre part en présence, du côté de l'époux, de sa mère, d'Antoine-
Alexandre Dales de la Houssaye, garde du corps de Monsieur, et de Michel
Rohaux, négociant, rue d'Anjou, pavillon Lebœuf, et du côté de l'épouse, de
ses père et mère, de Jacques Lalouel, bourgeois de cette ville, avenue de Saint-
Cloud, pavillon Gambier, lesquels sous les peines portées par les ordonnances du
roi, nous ont certifié la catholicité, le liberté et le domicile de l'époux, et tous,

15

excepté le père de l'épouse, ont signé avec nous, signé : Mortemard de Boisse, Merlet, de Marle; Damien de la Houssaye, de Marle, Rohaux, Girard Lalouel, Dardare, prêtre.

Pour extrait conforme délivré par nous, greffier, soussigné.

Versailles, le 1ᵉʳ février 1876,

TEXIER.

---

17 mars 1756.

—

Naissance.

—

Merlet (Jeanne-Louise).

Extrait du registre des actes de baptême de la paroisse Notre-Dame de Versailles, déposé au greffe du Tribunal civil de la ville pour l'année 1756.

L'an mil sept cent cinquante-six, le dix-sept mars, Jeanne-Louisse, né d'aujourd'hui, fille Robert Merlet, taillieur, et de Marie-Anne Girard son épouse, a été baptisé par nous, prestre soussigné, faisant les fonctions curialles; le parin a été François Collet, coffretier ; la mareine, Jeanne Merlet, sœur de l'anfans, qui ont signé, le père absent signé : Collet, Merlet, Du Bois, prêtre.

Pour extrait conforme délivré par nous, greffier, soussigné,

Versailles, le 1ᵉʳ février 1876.

TEXIER.

---

27 janvier 1734.

—

Mariage.

—

Merlet et Girard.

Extrait du registre des actes de mariage de la paroisse Notre-Dame de Versailles, déposé au greffe du Tribunal civil de la ville, pour l'année 1734.

L'an mil sept cent trente-quatre, le vingt-sept du mois de janvier, après la publication des bans sans opposition dans cette paroisse, par trois dimanches ou fêtes, scavoir : le 3ᵉ, 6ᵉ et 10ᵉ dudit mois, vu la dispense de son domicile, de Monseigneur l'archevêque signé, Regnauld, vicaire général, et plus bas La Jour, sous-secrétaire, en date du 8ᵉ du même mois de janvier, et après les fiançailles célébrées le jour précédent, ont été par nous mariés après que nous avons pris leur consentement mutuel, et ont reçu la bénédiction nuptiale par nous soussigné, prêtre de la congrégation de la mission, faisant les fonctions curiales de cette paroisse, Robert Merlet, âgé de vingt-neuf ans, tailleur d'habits, fils de Jean-Baptiste Merlet, et de deffunte Madeleine Durand, qui comme il est dit ci-dessus, a obtenu dispense de domicile, d'une part, et Marie-Anne Girard, âgé de vingt ans, fille d'Edme Girard, journalier, et de Marie-André, de cette paroisse, d'autre part, les parties assistées de l'époux, de son dit père, de Mathurin Joanne, bedeau de cette paroisse; du côté de l'épouse, de ses dits père et mère et autres qui ont signé, à l'exception de l'époux et des pères et mère de l'épouse, qui ont déclaré ne scavoir signer, de ce requis : Marianne Girar, J. Merlet, Delavoire, B. Collet, Joannes, Harbillon, Chevalier, prêtre.

Pour extrait conforme délivré par nous, greffier, soussigné,

Versailles, le 1er février 1876.

TEXIER.

---

3 janvier 1785.
—
Naissance
de
Mortemard.

Extrait du registre des actes de naissances de la ville de Versailles, déposé au greffe du Tribunal civil de ladite ville pour l'année 1785.

L'an mil sept cent quatre-vingt cinq, le treize janvier, François-Jérome Léonard, né hier, fils légitime de M. Marc-Marie de Mortemard, écuyer garde du corps de monseigneur comte d'Artois, et de madame Jeanne-Françoise Merlet, a été baptisé par nous soussigné prêtre, de la mission faisant les fonctions curiales. Le parein M. Marié Léonard, chevalier de Longrüe, écuyer, garde du corps de monseigneur comte d'Artois, la mareine Jeanne Maddeleine Brillaud, demoiselle, lesquels et le père ont signé avec nous ;

Ainsi signé sur la minute ; le chevalier de Longuerue, J. Brillaud, D. Mortemard et de Rervaux prêtre.

Pour copie conforme délivrée par le greffier soussigné, à Versailles, le 20 août 1874.

Signé : Illisible.

Extrait des pièces annexées aux mariages de la ville de Versailles, paroisse Saint-Louis, déposées au greffe du tribunal civil de Versailles, pour l'année 1795.

Extrait des minutes du greffe de la justice de paix de la section l'Indivisibile, à Paris.

L'an troisième de la République Française, une et indivisible, le dix-sept brumaire.

Devant nous, Antoine Jabel, juge de paix en la section de l'Indivisibilité, à Paris, sont comparus : 1° le citoyen Vignon, demeurant rue Louis, n° 370; 2° Hilaire Delarbre, demeurant même rue, n° 369; 3° Nicolas-François Thomassin, demeurant même rue, n° 368. Lesquels nous ont déclaré qu'ils comparoissent devant nous, à la réquisition du citoyen Mortemard, ici présent, à l'effet de déclarer que ses prénoms sont : François-Desales-Marie-Pierre-Martin, qu'il est à leur connoissance qu'il est né à Barcelone, en Espagne, le trois mai mil sept cent soixante-trois, qu'il est fils de Pierre-Alexandre Mortemard, dit Boisse, ancien consul de France en Catalogne, et de Louise de Marle, actuellement veuve du citoyen Mortemard ; que, la République françoise étant en guerre avec l'Espagne, qu'il est dans l'impossibilité de se procurer son acte de naissance ; de laquelle déclaration ils ont requis acte, pour servir et valoir audit Mortemard ce que de raison, ils ont signé avec nous ; ainsi signé : François Mortemard, Delarbre, Vignon, Thomassin, Jobet, Bourgouin.

Délivré par nous, secrétaire-greffier soussigné, la présente expédition collationnée sur la minute, à Paris, le 17 brumaire, l'an troisième de la République française, une et indivisible.

BOURGOUIN.

Pour extrait conforme délivré par nous, greffier soussigné ;

A Versailles, le 24 mars 1877,

TEXIER.

brumaire an III. *Extrait du registre des actes de mariage de la ville de Versailles déposé au greffe*
— *du tribunal civil de ladite ville, pour l'an III de la République.*

Mariage.
—
Mortemard
et
Lalouel.

Aujourd'hui, vingt-sept brumaire l'an III de la République, six heures de relevée, dans la salle publique de la maison commune de Versailles, devant moi, officier public, soussigné; se sont présentés, pour contracter mariage, le citoyen François de Sales-Marie-Pierre-Martin Mortemard, âgé de trente-et-un ans, natif de Barcelone, en Espagne, lieutenant de cavalerie, demeurant à Paris, rue Louis au Marais, n° 369, fils de défunt Pierre-Alexandre et de Louise de Marle, d'une part; et Louise-Gabrielle Lalouel, âgée de vingt-six ans, native de Versailles, y demeurant, rue des Réservoirs, n° 17, fille de défunt Jacques et de Jeanne-Louise Merlet, d'autre part; ils étaient assistés de la mère de l'épouse. Et ils avaient pour témoins les citoyens : 1° Marc-Marie Mortemard, capitaine au service de la République, demeurant à Paris, rue Meslée, n° 68; 2° Philippe Mortemard, vivant de son revenu, demeurant à Paris, rue Louis, n° 369, tous deux frères de l'époux ; 3° François Gainot, mercier, Petite-Place, n° 5, beau-frère de l'épouse, et Etienne Machard, parfumeur, avenue de l'Orient, n° 44, oncle maternel de l'épouse, tous quatre majeurs. Moi, officier public, ai fait lecture des actes de naissance des parties et des actes de publication de ce mariage, tant en cette commune qu'en celle de Paris, dont extraits ont été affichés conformément à la loi. Ensuite, le citoyen Mortemard a déclaré, à haute voix, prendre la citoyenne La Louel en mariage. En conséquence, moi, officier public, ai déclaré aux citoyens assemblés que le citoyen Mortemard et la citoyenne La Louel sont, au nom de la loi, unis en mariage. Dont du tout j'ai dressé le présent acte, et ont toutes les parties signé avec moi, officier public. Signé : F. Mortemard, M. Mortemard, P. Mortemard; La Louel, Merlet, Gainot, Machard, Remilly.

Pour extrait conforme délivré par nous, greffier soussigné ;

Versailles, le 1er février 1876, TEXIER.

Extrait des pièces annexées aux mariages de la ville de Versailles, paroisse Saint-Louis, déposées au greffe du Tribunal civil de ladite ville de Versailles, pour l'année 1795.

Extrait du registre des publications de mariage de l'État civil de Paris du 21 brumaire an III.

Entre François-de-Sales-Marie-Pierre-Martin Mortemard, natif de Barcelone, en Espagne, demeurant à Paris, rue de l'Indivisibilité, fils majeur de Pierre-Alexandre et de Louise Marle, lui décédé, elle demeurant même demeure;

Et Louise-Gabrielle Lalouel, native de Versailles, département de Seine-et-Oise, y demeurant, fille majeure de Jacquet et de Jeanne-Louise Merlet, lui décédé, demeurant audit Versailles.

Signé: ROLLIN.

Collationné par moi, officier public nommé par le Comité de salut public,

ROBIN.

Pour extrait conforme délivré par nous greffier soussigné,

A Versailles, le 21 mars 1877.

TEXIER.

---

13 fructidor an III.

Naissance de Charles Mortemart.

Extrait du registre des actes de naissance de la ville de Versailles, déposé au greffe du tribunal civil de ladite ville pour l'année 1795.

Aujourd'hui quatorze fructidor l'an trois de la République, sept heures de relevée, s'est présenté à la maison commune de Versailles, devant moi, officier public soussigné, Madelaine-Charlotte Couillard, épouse de Jacques Fourneau, elle sage-femme, rue Jean-Jacques, assistée de Charles Lalouel, marchand, avenue de l'Orient, et de Marie Lalouel, fille majeure, rue des Réservoirs;

Laquelle a déclaré que l'enfant ici présent, du sexe masculin, est né de François-de-Salle-Marie-Pierre-Martyr Mortemard, militaire, et de Louise-

Gabriel Lalouel, son épouse, le jour d'hier, dix heures du matin, dans leur domicile, avenue de Paris, n° 7. Les témoins ont donné à cet enfant pour prénom celui de Charles. La sage-femme et les témoins ont signé avec moi, officier public.

Signé : COUILLARD, LALOUEL, LALOUEL, SIMON.

Pour extrait conforme délivré par nous, greffier soussigné,

Versailles, le 3 juin 1875,

TEXIER.

SEINE-INFÉRIEURE.

ARRONDISSEMENT DU HAVRE. — (VILLE DU HAVRE.)

Extrait des registres de l'État civil déposés au greffe du Tribunal civil de première instance du Havre.

Du vendredi treizième jour du mois de novembre l'an mil huit cent trente-cinq, à midi. Acte de naissance d'un enfant qui a été présenté et reconnu du sexe masculin, né le jour d'hier à huit heures du soir, fils de M. Charles Mortemard de Boisse, lieutenant de vaisseau, directeur du port du Havre, chevalier de la Légion d'honneur, âgé de quarante ans, né à Versailles, département de Seine-et-Oise, et de dame Adèle Tonchain de la Lustière, âgée de vingt-quatre ans, née à Rubécourt-et-l'Amicourt, département des Ardennes, et demeurant au Havre, rue de la Comédie, n° 3, mariés en cette ville le dix-sept décembre mil huit cent trente-quatre, lequel a reçu les prénoms de Charles-Édouard, sur la réquisition à nous faite par son père en présence de : — Premier témoin : Victor-Marie Letourneur, agent comptable des subsistances militaires, âgé de trente-cinq ans, oncle maternel de l'enfant nouveau-né; second témoin : Étienne-François Dénois, commissaire général de la marine, chevalier de l'ordre royal et militaire de Saint-Louis et officier de la Légion d'honneur, âgé de cinquante-deux ans, tous deux demeurant au Havre.

Le déclarant et les témoins ont signé après lecture faite le présent acte fait double en leur présence et constaté, suivant la loi, par nous, adjoint de M. le maire de la ville du Havre, de son agrément, remplissant les fonctions d'officier public de l'État civil.

Signé : MORTEMARD, DINOIS, LAHOUSSAYE, adjoint, et LETOURNEUR.

Pour extrait certifié conforme par nous, greffier soussigné,

Au Havre, le 14 juin 1876,

Signé : E. PHILIPPE.

SEINE-INFÉRIEURE.

ARRONDISSEMENT DU HAVRE. — (COMMUNE DE GRASVILLE-L'HEURE.)

Des registres de l'État civil déposés au greffe du Tribunal civil du Havre, a été extrait ce qui suit :

Du mardi dix-huitième jour du mois de juillet, l'an mil huit cent trente-sept, à dix heures du matin, acte de naissance d'un enfant qui nous a été présenté et qui a été reconnu être du sexe masculin, né au domicile de ses père et mère, en cette commune, section de Trigauville, le jour d'hier, à trois heures après midi, fils de M. Charles Mortemard de Boisse, âgé de quarante-deux ans, propriétaire, et de dame Adèle Tonchain de la Lustière, âgée de vingt-six ans, sans profession, demeurant tous deux en cette commune, mariés au Havre le dix-sept décembre mil huit cent trente-quatre, lequel a reçu les prénoms de Philippe-Henry, sur la réquisition et présentation à nous faites par le père de l'enfant en présence de :

Premier témoin : Jean-Baptiste-Rémi-Pierre Deschamps, journalier, âgé de quarante-huit ans, demeurant en cette commune; second témoin : Louis-Généreux Vimbert, sacristain, âgé de trente-quatre ans, demeurant en cette commune.

Le déclarant et les témoins ont signé, après lecture faite, le présent acte, qui a été fait double en leur présence et constaté suivant la loi par nous, conseiller municipal de la commune susdite, remplissant, en l'absence de maire et d'adjoint, les fonctions d'officier public de l'État civil.

Signé : MORTEMARD, DESCHAMPS, VIMBERT et RACINE.

Pour extrait conforme délivré par nous, greffier soussigné,

Au Havre, le 13 juin 1876,

Signé : E. PHILIPPE.

---

1 juin 1755.

Extrait du registre des actes de baptême de la paroisse de Saint-Louis de Versailles, déposé au greffe du Tribunal civil de ladite ville pour l'année 1755.

Naissance.
—
Mortemart
de
Boisse
.eviève-Désirée)

L'an mil sept cent cinquante-cinq, le seizième juin, Geneviève-Désirée, née le onzième de ce présent mois, fille de M. Pierre Mortemart de Boisse, ancien consul de France en Espagne, et de demoiselle Jeanne-Louise-Philippine de Couci de Marle, son épouse, a été baptisée par nous soussigné, prêtre de la mission faisant les fonctions curiales de cette paroisse. Le parein a été Charles-Michel Crescent qui représente M. le comte de Maillebois, lieutenant général des armées du Roy, et la mareine Noël-Michel Poncet, veuve de Charles Crescent, représente mademoiselle Geneviève de Marles qui ont signés avec nous, de même que le père présent. Signé: Noël-Michel Poncet, Crescent, Mortemard de Boisse. — Bauban, prêtre.

Pour extrait conforme délivré par nous greffier, soussigné.

Versailles, le 1er février 1876.

TEXIER.

2 mai 1770.

—

Décès.
Mortemart
(Apoline).

*Extrait du registre des actes de décès de la paroisse Saint-Louis de Versailles,
déposé au greffe du Tibunal civil de ladite ville pour l'année 1770.*

L'an mil sept cent soixante-dix, le trois de may, Apoline Mortemart, âgée
de trois ans et demi, morte d'hier, fille de Pierre Mortemart, bourgeois de Versailles, et de Philippe-Louise Marle, a été inhumée par nous soussigné, prêtre
de la mission, faisant les fonctions curiales, en présence de Michel-Marthe
Damblis, clerc, et de François Tribado, garçon d'église, qui ont signé avec nous.
Signé : Tricado, Damblis, Lecoq, prêtre.

Pour extrait conforme délivré par nous greffier, soussigné.

Versailles, le 1er février 1876.

TEXIER.

16 juin 1772.

—

Décès.
Mortemard
(Joséphine).

*Extrait du registre des actes de décès de la paroisse Saint-Louis, de Versailles,
déposé au greffe du Tribunal civil de ladite ville pour l'année 1772.*

L'an mil sept cent soixante-douze, le dix-sept juin, Josephine Mortemard,
fille de Pierre-Alexandre Mortemard, ancien consul de France, et de Jeanne-
Louise-Philippine de Marle, décédée hier, âgée de quatre mois, a été inhumée
par nous soussigné, prêtre de la mission, faisant les fonctions curiales, en présence de Philippe-Sébastien Baince, clerc de cette paroisse, et Réné Gouverneur, garçon d'église, qui ont signé avec nous. Signé : Baince, Gouverneur,
Messin, prêtre.

Pour extrait conforme délivré par nous greffier, soussigné.

Versailles, le 1er février 1876.

TEXIER.

DESCENDANCE DE PIERRE ALEXANDRE

dit (MORTEMART)

Qui serait né à Limoges, le 9 Juin 1690 et qui est mort à Lerida, le 26 Octobre 1777

1
Antoine, nommé en 1756, dans l'acte de naissance de son frère Marc-Marie, comme *ancien mousquetaire*.

2
Geneviève-Désirée, née à Versailles le 16 juin 1755.

3
Marc-Marie, né à Paris le 8 juin 1756, marié à Versailles, le 22 juin 1779, avec Jeanne-Louise Merlet.

4
Philippe, majeur le 27 brumaire an III, nommé dans l'acte de mariage de son frère François-de-Sales-Martin.

5
François-de-Sales-Marie-Pierre-Martin, né à Barcelone, le 3 mai 1763, marié à Versailles, le 27 brumaire l'an III, avec Louise-Gabrielle Lalonel.

6
Pauline-Antoinette-Théodore, né le 11 mai 1768.

7
Apoline, morte le 2 mai 1770.

8
Joséphine, morte le 16 juin 1772.

9
Joseph-Marie, née le 21 novembre 1771.

Descendance de **3** (Marc-Marie) :

1
François Marc, né le 18 mai 1780.

Descendance de **5** (François-de-Sales) :

2
François-Gérôme-Léonard, né à Versailles le 13 janvier 1785, marié en 1811 à Marie-Françoise-Pauline Auriol.
Défendeur

Charles, né à Versailles le 14 fructidor 1795.

Descendance de François-Gérôme-Léonard :

1
Marc-Antoine-Gustave-Enguerrand.
Défendeur

2
Jean-Antoine-Aimé-Palamède.
Défendeur

3
Antoinette-Rénée-Pauline-Léonie.
Défenderesse

Descendance de Charles :

1
Charles-Édonard, né au Havre le 13 novembre 1835.

2
Philippe-Henri, né au Havre le 18 juillet 1837.

§ IV

1° Procès-verbal de constat relatif au nom BOISSE.

2° Actes concernant des personnes du nom de Boisse.

Procès-verbal de constat.

L'an mil huit cent soixante dix-sept et le vingt-sept mars, à cinq heures du soir, s'est présenté en mon étude Mᵉ Jules-Michel Pérard, avoué près le Tribunal civil de première instance de la Seine, demeurant à Paris, rue du Quatre Septembre, n° 12.

« Agissant au nom et comme mandataire de M. François-Marie-Victurnien « de Rochechouart, vicomte de Mortemart, propriétaire, demeurant à Paris, « rue des Chanaleilles, n° 4, aux termes de la procuration spéciale qu'il lui a « donnée suivant acte passé devant Mᵉ Dumont et son collègue, notaires à « à Paris, le vingt-trois du courant, dont le brevet original, enregistré et léga- « lisé, m'a été représenté par Mᵉ Pérard. et auquel je l'ai rendu. »

Lequel m'a dit qu'à raison du procès pendant actuellement devant la première chambre du Tribunal civil de la Seine, entre son mandant et plusieurs membres de la famille de Mortemart d'une part et plusieurs défendeurs préten- dant avoir droit au nom de : *de Mortemart de Boisse*, d'autre part, il importe à son dit mandant de faire constater différents renseignements qu'il a recueillis sur les registres de l'état civil de la ville de Limoges en ce qui concerne *les Boisse*.

Qu'en conséquence, il me réquerait de me transporter à la mairie de Limoges bureaux de l'état civil, pour y faire telles constatations que de droit, et a signé.

Signé : PÉRARD.

Obtempérant à cette réquisition, je, Louis Bonjour jeune, huissier près le Tribunal civil de première instance de Limoges, y demeurant et domicilié, rue Manigne, n° 28, soussigné.

Certifie m'être exprès transporté à la mairie de Limoges dans les bureaux des actes de l'état civil et avoir fait, en présence de M° Pérard, les constatations ci-après :

1° Un petit registre de la paroisse de Saint-Pierre portant les n°ˢ de 1 a 38 avec explication que le verso n° 34, f° 37, et n° 38 sont en blancs, et que la page du recto et verso 35 et 36 a été enlevée dudit registre, qui est du reste très-bien tenu, et portant comme inscription : *Livre des mariages pour l'année* 1673, *depuis le* 8 *janvier jusqu'au* 27 *novembre.* Il existe au verso 14, à la date du 27 may mille six cent septente trois, un acte établissant que ce jour-là, la bénédiction nuptiale a été donnée à Françoise Pingaud, servante.

Et qu'à la même page et au même recto, à la date du onzième juin mille six cent soixante-treize, il existe un acte de mariage entre Léonard de Villemonteys et Magdeleine Blondy.

Entre le premier acte du 27ᵉ may mille six cent septente trois et celui qu vient d'être énoncé, il n'existe aucune place pour pouvoir intercaler ou établir aucun acte.

2° Dans un registre portant pour inscription : *Baptesmes de* 1648 *à* 1656 *Saint-Pierre.* A la date du troisième septembre 1653, l'acte de baptème de Anne de Boisse, fille à Eymeri de Boisse, sa mère, Narde Cibot ; son parain, Jehan de Boisse, et sa maraine, Anne de La Farge, la particule *de,* entre le prénom *Anne* et *Boisse,* entre *Eymeri* et *Boisse, Jehan* et *Boisse* et entre *Anne* et *Lafarge,* paraît avoir été intercalée, le mot *M*ʳᵉ paraît surchargé.

Sur le même registre, à la date du 17 janvier 1655, est établi et constaté le baptème de *Anne Boisse,* fille à *Eymery Boisse* ; la mère, *Narde Cibot* ; le parrain, *Jehan Boisse,* et la marraine, Anne *Lafarge.*

Sur le même registre, à la date du 13 avril 1649, est établi et constaté le baptème de *Pierre Boisse,* fille à *Eymery Boisse* ; sa mère, *Narde Cibot* ; son parrain, *Pierre Cibot,* et sa marraine, *Léonarde Boisse.*

Encore sur le même registre, à la date du vingt-sixième avril 1650, est établi le baptème de *Catherine Boisse,* fille à *Eymery Boisse* ; sa mère, *Narde Cibot* ; son parrain, Pierre Maslen ou Maslou ; sa marraine, Catherine.

Enfio, sur le même registre, à la date du huitième août 1656, est établi le baptème de *Valerie Boisse,* fille à *Eymery Boisse* ; sa marraine, *Valerie Boisse.*

N'ayant plus rien trouvé quant à présent à constater, j'ai dressé et clos mon procès-verbal, toujours en présence et avec l'aide de M. Pérard, qui a signé avec moi, le tout pour valoir ce que de droit.

Le coût est de quinze francs quinze centimes.

Signé : Pérard.

Signé : Bonjour jeune.

Enregistré à Limoges, le 28 mars 1877, f° 39, c° 17.

Reçu trois francs quinze centimes.

Signé : illisiblement.

Extrait du registre des actes de baptêmes de la paroisse de Saint-Pierre (Année 1653).

Le troisième septembre a esté baptisée Anne *de* Boisse, fille de Mre Eymeri *de* Boisse ; sa mère, Narde Cibot ; son parrain, Jehan *de* Boisse ; sa marraine, Anne *de* La Farge.

Signé : Tadault, vicaire.

Pour extrait conforme :

A Limoges, eu l'hôtel de ville, le 17 juin 1875.

Le Maire,

(Signé) Illisiblement.

Extrait du registre des baptêmes de la paroisse de Saint-Pierre (année 1655).

Le dix-sept janvier a esté baptisée Anne Boisse, fille d'Eymery Boisse, sa mère Narde Cibot, son parrin Johan Boisse, sa marrine Anne Lafarge.

Signé : Tadault.

Pour extrait conforme :

A Limoges, en l'hôtel de ville, le 1er avril 1877.

Le Maire,

(Signé) Tarrade, adjoint.

Extrait du registre des baptêmes de la paroisse de Saint-Pierre (année 1649).

Le treize avril a esté baptisé Pierre Boisse, fils à Eymery Boisse, sa mère Narde Cibot, son parrin Pierre Cibot, sa marrine Léonarde Boisse.

Signé : Tadault.

Pour extrait conforme.

A Limoges, en l'hôtel de ville, le 31 mars 1877.

Le Maire,

(Signé) Tarrade, adjoint.

Extrait du registre des baptêmes de la paroisse de Saint-Pierre (année 1650).

Le vingt sixième avril a esté baptisée Catherine Boisse, fille à Eymery Boisse, sa mère Narde Cibot, son parrin Pierre Masson, sa marrine Catherine.

Signé : Tadault.

Pour extrait conforme :

A Limoges, en l'hôtel de ville, le 31 mars 1877.

Le Maire,

(Signé) Tarrade, adjoint.

Extrait du registre des baptêmes de la paroisse de Saint-Pierre (année 1656).

Le huitiesme aoust a esté baptisée Valerie Boisse, fille à Eymeri Boisse, sa mère Narde Cibot, son parrin Johan Boisse, sa marrine Valerie Boisse.

Signé : Tadault.

Pour extrait conforme :

A Limoges, en l'hôtel de ville, le 1er avril 1877.

Le Maire,

(Signé) Tarrade, adjoint.

JOURNAL DES DÉBATS (1).

13 Août 1815.

Il a été arrêté dernièrement à Poitiers un individu se disant M. Achille de Mortemart. Nous sommes autorisés par la famille de ce nom à démasquer cette imposture, en assurant qu'elle n'a rien de commun avec cet individu ni tout autre qui prendrait ce nom, personne n'ayant le droit de le porter que le duc de Mortemart, le marquis de Mortemart, son oncle, le comte Victor de Mortemart, son cousin-germain, et des enfants en bas âge.

§ 5.

Documents relatifs aux titres de Comte et de Baron, portés par MM. Palamède et Enguerrand.

JOURNAL OFFICIEL. — n° 131.

Mercredi 13 Mai 1874.

Le Président de la République française, sur le rapport du Ministère de l'Instruction publique, des cultes, et des beaux-arts ;

Vu l'avis du Conseil national de la Légion d'honneur ;

Décrète :

ART. 1er — M. le COMTE de Mortemart (Palamède), sous-inspecteur à l'Exposition des beaux-arts, est nommé chevalier de la Légion d'honneur.

ART. 2 — Le Ministère de l'instruction publique, des cultes et des beaux-arts, est chargé de l'exécution du présent decret.

Fait à Versailles, le 11 mai 1874.

Maréchal DE MAC-MAHON;

Duc de Magenta.

Pour le Président de la République :

Le Ministre de l'instruction publique, des cultes et des beaux-arts :

DE FOURTOU.

(1) La même note a été publiée par le *Moniteur*, journal officiel, à la même date.

Explication des ouvrages de Peinture, Sculpture, Architecture et Lithographie
des Artistes vivants

Exposés au Palais des Champs-Élysées,

Le 1ᵉʳ Mai 1875

PARIS

IMPRIMERIE NATIONALE 1875,

PEINTURE

page 220

MORTEMART (ENGUERRAND, baron de), né à Paris, élève
de A. Johannot et de T. Johannot.

Rue Jean-Goujon, 9

1510 — *Cours d'eau dans les Alpes-Maritimes.*

(*Même Recueil.*)

Le 1ᵉʳ mai 1876

page 188

MORTEMART-BOISSE (ENGUERRAND, baron de), né à Paris, élève
de A. Johannot et de T. Johannot.

Rue Jean-Goujon, 9

1512 — *Le lit d'un torrent dans les Alpes, aux environs de Nice.*

MINISTÈRE
de la
Justice
DIVISION DU SCEAU

—

Nᵒ 699 — 78

Paris, le 15 Mars 1878.

MONSIEUR LE RÉFÉRENDAIRE,

En réponse à la demande de renseignements que vous m'adressez au nom de M. le vicomte de Mortemart, je m'empresse de vous faire savoir qu'il n'existe sur les registres de la chancellerie aucune collation ou confirmation de titres français, ni aucune autorisation de porter en France un titre étranger au nom de « MORTEMART DE BOISSE. »

Je vous autorise à transmettre ce renseignement à M. le vicomte de Mortemart.

Recevez, MONSIEUR le Référendaire, les assurances de ma considération la plus distinguée.

Le Garde des Sceaux, Ministre de la justice.

Par autorisation :

Le chef de la division du Sceau.

GAULTIER DE BIAUZAT.

MONSIEUR DE BERLY,
Référendaire au Sceau de France.

BOITE AUX LETTRES (1)

Paris, 28 janvier 1877.

Monsieur le Directeur,

Une plaisanterie de M. Émile Deschamps, que j'apprends pour la première fois, et dont l'*Indépendance belge*, qui la cite, a soin d'ailleurs de décliner la responsabilité, m'oblige à redresser une erreur dans l'article relatif à la *Revue des Deux-Mondes* dont parle le *Figaro* d'hier.

Mon oncle, le lieutenant-général vicomte de Cavaignac, pair de France, n'était point propriétaire de la *Revue*. Quant au nom de Boisse, joint à notre nom patronymique depuis deux cents ans, il nous appartient par suite du mariage de notre trisaïeul Henri de Mortemart avec Anne de Boisse, héritière d'une branche de la maison de Boisse, l'une des plus anciennes du Limosin.

Vous pourrez vérifier l'authenticité de ce fait en consultant nos titres de famille déposés en ce moment chez M⁰ Benoit, mon avoué, ainsi que les brevets de chevalier de Saint-Louis, de Saint-Michel et de la Légion d'honneur, accordés à mon père par le roi Louis XVIII.

Agréez, Monsieur le Directeur, l'assurance de ma considération distinguée,

Baron ENGUERRAND de MORTEMART-BOISSE.

———

Pierre, prêtre cardinal de Mortemar, fils de Guillaume premier, du titre de Saint-Estienne *in monte cœli*, évêque d'Auxerre et de Vivarez, fondateur des Augustins, Carmes et Chartreux qu'il dota de grands revenus audit Mortemar, à l'Isle-Jourdain, Civray et ailleurs; et pour lesquels bastir Foucaud sieur de Mortemar luy donna le fonds et plusieurs rentes, à la charge qu'iceluy Foucaud et les siens participeraient à toutes les prières et suffrages des Religieux, et que chaque administrateur desdits couvents preteroit le serment audit sieur de Mortemar comme fondateur : titre de 1323. Ledit cardinal fonda aussi un collége de douze enfants pour estre nourris et instruits audit lieu, et un hopital à recevoir les pauvres. Il décéda le jour du vendredi-saint 1335. Git en sa chapelle ausdits couvents sous un tombeau élevé (2).

_____

(1) Extrait du *Figaro* du 24 janvier 1877.
(2) Histoire de saint Martial (de Limoges), par le R. P. Bonaventure de Saint-Amable. Limoges 1685, in-fol., 3⁰ vol., p. 585.

TABLE DES MATIÈRES

QUATRIÈME PARTIE.

Documents produits par les demandeurs, MM. de Mortemart, en réponse aux documents précédents.

83148. Paris. — Typographie Vᵉˢ RENOU, MAULDE et COCK, rue de Rivoli, 144.

www.ingramcontent.com/pod-product-compliance
Lightning Source LLC
Chambersburg PA
CBHW052209270326
41931CB00011B/2280